UBER 中国 1000 天
——开拓、增长与竞争

翟葆光 著

电子工业出版社·

Publishing House of Electronics Industry

北京·BEIJING

内 容 简 介

《Uber中国1000天：开拓、增长与竞争》一书的作者以Uber中国资深员工的第一人称视角，讲述了Uber作为明星创业外企进入中国、拓展至多个城市并快速增长，以及与滴滴正面竞争至合并的历程。

此书还原了作者在Uber中国的一线工作经历，涉及到地推、反刷单及调研国际市场等各个方面，呈现了Uber中国在运营中曾经应对的一次次挑战与解决之道，并提炼了在冷启动、本地化运营、构建企业文化及国际化扩张等方面的经验，深刻反映了"线上"与"线下"的交融：互联网技术对传统行业、人民生活方式乃至社会观念的颠覆。

通过此书能够深入细致地了解Uber中国及全球团队的内核，给创业者以启发。同时，把Uber中国的这段历史和中国"O2O产业"的发展置于全球资本棋局中，也能够为中国企业的出海战略提供新思路。

图书在版编目（CIP）数据

Uber 中国 1000 天：开拓、增长与竞争 / 翟葆光著 . —北京：电子工业出版社，2017.4
ISBN 978-7-121-31055-3

Ⅰ . ① U… Ⅱ . ①翟… Ⅲ . ①高技术企业 – 企业管理 – 经验 – 美国 Ⅳ . ① F279.712.444

中国版本图书馆 CIP 数据核字（2017）第 043711 号

策划编辑：秦　聪
责任编辑：秦　聪
印　　刷：北京虎彩文化传播有限公司
装　　订：北京虎彩文化传播有限公司
出版发行：电子工业出版社
　　　　　北京市海淀区 万寿路 173 信箱　邮编　100036
开　本：720×1000　　印张：12.25　字数：166 千字
版　次：2017 年 4 月第 1 版
印　次：2023 年 9 月第 2 次印刷
定　价：88.00 元

凡所购买电子工业出版社图书有缺损问题，请向购买书店调换。若书店售缺，请与本社发行部联系，联系及邮购电话：（010）88254888，88258888。

质量投诉请发邮件至zlts@phei.com.cn，盗版侵权举报请发邮件至dbqq@phei.com.cn。

本书咨询联系方式：（010）88254568。

在我写作本书的过程中，"大博弈"一词屡次进入我的脑海。这个词特指19世纪中叶到20世纪初，大英帝国与沙皇俄国争夺中亚控制权的战略冲突。而随着商业全球化的发展，"大博弈"抽象而又准确地概括了"独角兽"公司之间的战略推演。Uber中国与滴滴出行、快的打车，从刚进入中国时的罕有接触，到成为主要竞争对手，到后来握手言和，再到在新的国际市场上开始对峙。创业公司的波诡云谲与瞬息万变，吸引着无数抱有激情和梦想的年轻人投入其中。

我也是这场大潮中的一员。从大学一年级开始，我就喜欢去听创业讲座、参与创业项目，从此再也"无法上岸"：休学一次、两次去硅谷、参与创立过四个公司。2013年12月，在考完大学最后一门课程后的48个小时内我就加入了

Uber，回国进行市场扩张。

2014 年是美国科技公司进军中国的元年——有 Uber、Airbnb、Tesla 及 LinkedIn。公司理念上的差别，已经给日后的不同道路埋下伏笔。比如 Airbnb 保持着注重社群、小清新的格调，不慌不忙地增长着，Uber 则把自己高速机动灵活的线下城市扩张模式带到了中国。

当时，中国打车软件市场诸侯林立，有第一个进入专车领域、专注商务用车的易道用车，也有迅速崛起的滴滴打车和快的打车这"两强"。2014 年 8 月，我所在的 Uber 北京团队推出了具有本地特色的拼车产品"人民优步"，彻底引爆了市场。同月，滴滴和快的分别推出了滴滴专车和一号专车。从 2014 年年底到 2015 年年初，Uber 以纵横的两个维度同时发力，几个月内获得了上百倍的增长。

在 Uber 中国与滴滴战斗最激烈的时刻，竞争带来的动力让我们热血沸腾、同仇敌忾，每天奋战到凌晨三点。然而在合并之后我们才发现，原来滴滴的团队也和我们一样拼命，原来他们对城市出行的愿景和我们也很相像，原来在我们对滴滴的产品快速迭代感到畏惧并想尽一切办法应对的时候，他们对 Uber 的看法也是完全一样的。当然，这只是一个"士兵"在战斗中的个人感受，至于那些战略层面的考量，并不是本书所想表现的。因此这本书不讲未经证实的八卦传言，只讲作为一线参与者的亲身体验和真实的 Uber 中国。

2015 年年底我选择前往美国调任产品团队，也算是完整经历了 Uber 在中国落地、扩张、最终发展壮大的过程。能够在自己的第一份真正的工作中就全程目睹 Uber 在中国的整个经历，我感到十分幸运。由于阅读及做过记者的经历，我一直对维多利亚式的英雄史诗比较向往。在 Uber 中国的故事中，我似乎找到了它在现实中的投影，这是促使我拿起笔来想要讲述的主要动机。另外，由于合并，Uber 中国仅仅两年多的时间就成为历史，大部分当年的参与者现在都已经开始了新的旅程。正因为变化来得如此之快，我似乎觉得应当记录一下同事们当年的奋斗作为纪念。如果有幸能在若干年之后让大家邂逅此书，翻阅时回忆起一两个当年的草创时期困窘而又充满幽默色彩的细节，就已经足够了。

我们即将出发，登上中国移动互联网市场的资本游戏所催化的舞台，去经历与刷单司机贴身肉搏的腥风血雨和 3 个月增长 40 倍的那些个不眠之夜。在开始这段旅程前，我们会首先回顾 Uber 全球扩张基因，因为在进入中国之前，Uber 已经发展出一套快速全球扩张的方法。更重要的是，Uber 承袭了 Google 和 Facebook 所代表的硅谷创新企业"改变世界"的理想，从很早就开始进入美国以外的地区，并勇敢的瞄准了他们都无法染指的中国——全世界智能交通的最大市场，并最终与来自中国的本土冠军企业发生碰撞。

翟葆光

2017 年 3 月于旧金山

C O N T E N T S
目 录

01 Uber是这样玩转的

02 开拓者进入中国

01

Uber是这样玩转的

　　互联网经济快速发展的本质，加上本地化服务对城市生活的渗透，造就了Uber的快速增长。由于所从事的业务是线下的交通服务，高度依赖本地团队的操作，因此Uber在过去六年时间之中打造了一支遍布全球的运营团队。这支团队可以说是互联网全球化时代的奇观之一。

继1994年成立的Amazon、1998年成立的Google和2004年成立的Facebook，2010年成立的Uber是硅谷在新一批移动互联网浪潮中涌现出的最具代表性的科技公司。Uber的扩展代表着互联网公司一个崭新的门类，即本地化，线下的生活服务在短短几年的时间内迅速地延伸到世界各地。

1.1 将本地交通服务互联网化

移动互联网的大门是2007年由乔布斯开启的。从2007年的第一代iPhone面世开始，广大创业者就意识到了移动互联网带来的巨大商机。不过真正的拐点发生于2010年第四代iPhone的发布，以及3G网络普及的到来。2012年，第一个火爆的移动互联网应用Instagram在创立仅仅18个月之后以10亿美元的价格被Facebook收购，点燃了移动互联网的创业热潮，最有代表性的产品有美国的Instagram、Snapchat，中国的微信、滴滴打车，以及美团等。移动互联网改写着各个行业的运行规则，改变了桌面互联网的用户习惯。

- 用户不一定会全天候地带着电脑，但几乎一定会带着手机。
- 电脑只有在特定情况下可以连接到网络中，而手机可以一直上网。

因此，移动互联网最大的突破就是可以进入人们的日常生活中，随时随地参与生活内容中的每一个场景。在这些场景中，除了发信息拍照片这类交互，出行大概就是最自然、最普遍，也最"移动"的一个类别了（见图1-1）。想象一下，如果没有智能手机和手机软件，每天抱着一个计算机走来走去叫车，又有什么便捷可言。

图1-1　第一个版本的Uber应用

出租车服务从它存在的第一天起，就挂着一枚本地化的标签，所有设施来源于当地，也归结于当地，复杂而又固若金汤。因此虽然本质上都是互联网公司，但是像Uber这样的一个打车应用要进驻当地，其所面临的挑战与Facebook类型的公司完全不可同日而语。Facebook想要进驻一个地方，打开注册页面即可。而交通服务或者说出租车服务，遥控指挥是不行的，需要研究政策，接触、建立本地团队，维持本地关系，在当地招募员工等。运营团队在这里所起到的作用至关重要，这个当地的团队必须由本地人构成，说本地语言，还要通晓本地的商业规则与政治规则，难度比开放一个网站注册难多了。这也是为什么如果Uber在一个地方获得成功，它对本地经济和就业的颠覆很大。

Uber给用户带来的不仅仅是用手机聊天这样的体验，而是真切地改变人们的出行方式。并且与大部分互联网应用对用户免费、靠卖广告赚取收入所不同的是，Uber服务从第一天开始就拥有收入。从这个角度上讲，Uber并不是一个传统意义上的"互联网企业"，而是一家"互联网化"的交通行业公司，但是又与传统的出行企业只在本地运营不同，Uber以一个科技创业巨头的姿态横空出世，在许多维度上都彻底改变了传统的出租车行业的经营方式。

- 互联网技术极大地提升了运营效率。传统的出租车公司需要人工接线、调配，司机需要手动地完成结账等一系列工作，车内还需要安装种种硬件设备便于管理。而Uber用软件自动完成这一系列的所有工作，硬件方面就直接使用智能手机，无论在成本还是用户体验上，都远胜出租车。
- 风险资本的存在让Uber可以在极短的时间内进驻市场并开展业务。风险投资的存在使得打车软件的扩张速度远大于传统出租车公司，补贴的运用更是让这种增长速度"火上浇油"(关于运营与补贴之道，在第7章《增长、补贴与竞争》中详细描述)。
- 全球联动的结构形成巨大的规模效应，让Uber能够成为这个领域的世界巨头。在Uber之前，一家公司的出租车服务从未扩展到一个国家以外，大部分公司的业务甚至没有扩展到一个城市以外。

Uber建立了横跨全球的结构，使得长时间本地化小本经营的出租车公司相形见绌。

1.2 "比特+原子"的商业模式

互联网公司从诞生以来，就在不断地创造用更少的员工创造更多的价值(或者说起码是"估值")的奇迹。Facebook的市场价值3 000亿美元左右，在全球约有15 000名员工。相比较之下，通用电气的市场价值是2 000亿美元，却拥有30万名员工。当然，这还是比较大的公司，最极端的例子自然是图片应用Instagram。它在10亿美元被收购的时候，才有区区13个员工。假定我们认为它的确值10亿美元，那每个员工所创造的价值可谓十分惊人。

此类互联网公司之所以能用这么少的人力来运作这么大的公司，原因就在于它们的规模扩张的边际成本很小，除了服务器需要扩充以外，其他的成本基本上是没有的。一个应用是10个人用还是1 000个人用，甚至是一亿人用，对于公司运作来说毫无差别。这也就是互联网公司为什么可以增长得如此快的重要原因之一。相比之下，如果一家快餐店想在几年之内开几万家分店，要处理的问题就要复杂很多了，前提是需要租下所有的店面，增大自己的采购商渠道，还需要招募数万名员工。

当然，并非所有的互联网公司都像上面说的那么不依赖人力，我们可以把互联网公司分为两种，第一种是靠免费服务吸引用户流量，然后用卖广告赚钱(上述说的都是这一种)，第二种是有实体的货品流动，通过交易额提成赚钱。世界上这么多的创业公司，最后还是没有超出这两种商业模

式（Google、微软或者BAT这种多栖化发展的巨头不在此列，我们这里讨论的只是创业最开始的核心业务，从这个角度上说，Google的核心商业模式就是卖搜索广告）。

这两种公司最大的区别就在于，前一类公司是纯粹的"比特"公司，只有纯粹信息的流动和交换，而后一类公司是"比特+原子"，除了信息流动，还有物体的移动，这就复杂了。因为只要有物体的移动，就需要人来管理。此类公司也可以泛称为电子商务，亚马逊和阿里巴巴可以说是老一辈的电子商务，而Uber和滴滴可以说是新一代的电子商务。既然是电子商务，就需要商业运营人才主动地做业务，去推动成交量的进展，而不是像"传统互联网公司"一样，把一切交给网络。在Uber出现以前，硅谷公司最流行的做法叫做"软件吃掉世界"，产品至上。Uber之所以在打车市场的早期阶段获得决定性的胜利，原因就在于Uber的创始人意识到了这件事情想要做好，地面运营很重要。于是，公司建立了早期发展史上最大的里程碑：遍布全球的城市团队。

Uber的组织结构非常罕见：照理说是一家"硅谷的科技公司"，但是却有几乎一半的人员不在硅谷，而是星星点点地分布在世界各地，建立了无数以城市为单位的运营团队。即使大型城市也只有几十人，例如纽约、洛杉矶、伦敦等。而其他城市的Uber团队不超过几个人，与一个当地的小创业公司并无二致。在城市开拓的阶段，这个初始数量可以非常小——Uber的每个城市只要三个人就可以开始运营，很多的时候甚至少于三个人。Uber的CEO把这种运营模式叫做"我们在前线——在战壕里面(We are in the trenches)"。

006

这种以城市为单位的团队在科技公司中很罕见，即总部之下连接着很多分散的小分舵、地方支部等。当地团队由总部设置，但是在日常执行层面拥有很大的自主权，听上去有点像战争时期盘根错节的地下组织，或者是金庸小说中的丐帮。就是靠这种星星点点聚合起来的小型创业团队，Uber的城市网络从点到线再到面，直到覆盖全球。我记得在第一轮面试中，Uber团队成员给我讲了全球业务扩张计划，然后打开了一张暗黑色的世界地图，上边有许多的小亮点，他说："每一个亮点都是一个城市，我们就是要一步一步地把全世界全都照亮。"

1.3 运营为先：极简精干的开拓团队

建立城市团队是Uber在公司策略上的一大创举。Uber的人员构成与一般的互联网公司迥然不同，后者主要的人才以工程师为主，而Uber的人员从一开始就是运营占大多数，工程师占少数。Uber的第一版应用其实是外包制作的，后来才开始建立自己的工程团队，这一点和滴滴出行的发展历程类似。那么到底由谁来运营这些城市团队呢？这就有了另外一个创举：从投行、咨询等行业招募大量人才加入城市运营团队。线下电商类互联网公司最大的瓶颈就是在扩展业务的过程中会出现人员的聚集扩张，而人比机器复杂得多，一旦管理不善，就容易给公司带来很大的麻烦，轻者出现人员冗余低效，严重混乱时甚至会出现运营人员伙同商家刷单骗公司钱的情况（团购大战中，此种情况屡见不鲜）。

因此，Uber的招聘与一般意义的互联网公司迥异。运营团队在招聘

的过程中最看重的几个素质都是为解决这个问题量身定做的。

- 招募具备"创业者特质"的以一当十的人才：因为效率不高的运营团队往往是人员冗余的状况，因此Uber需要的城市团队能够以最小的人员规模开始运营，一直达到自己可以支持的最大业务量为止。同时，这个小团队需要像真正的创业公司一样去战斗，遇到问题就发挥自己百折不挠的创造力去解决问题，而不是向老板汇报或者是等待总部的支援。这就是为什么Uber一定要招募这些精英人才来做运营，而不是找一大群做地推的销售了事。

- 注重数据分析与沟通能力：Uber从很早开始就建立了一套量化衡量全公司运营健康状况的数据追踪规则，从司机和用户数量的增长，到转化率、留存率，再到供需之间的实时关系及差异度。全公司的所有运营数据，无论是纽约还是孟买，大到总共的单量和盈利程度，小到一个郊区地铁站周围在周六晚上的溢价情况，一切都在系统中反映得一清二楚。因此虽然总部远在天边，但是对于全世界任何一个城市的运营情况基本上能够了如指掌。而Uber招募到的来自金融行业的人才更为之如虎添翼，他们都具有很强的数据分析及执行能力，能够通过阅读数据来掌握城市运营状况的一切信息，并迅速做出决策和改善。

在Linkedin上简单搜索一下，只要是2014年以前加入Uber的人，十个里面有七八个是这样的背景：来自金融机构并加入Uber的本地运营团队。这是一个很独特的现象。因为科技公司似乎一直都是工程师的专利，金融行业人员除了少数职业经理人才之外，素来与创业公司无缘，第一是由于专业不够对口，第二是本质上似乎不喜欢冒风险。然而Uber创造了金融人才加入创业公司的一个小小奇观，这批人也成了此类公司竞相追逐的对象。在美国，Uber的人才后来也有进入美国的WeWork等其他共享经济企业继续担任领导职位，以及进入中国的大量O2O企业及滴滴出行等公司，以Uber的团队为基准打造自己的运营团队。

在美国，Uber靠着这套打法所向披靡。试想一下，在信奉"软件吃掉世界"的硅谷，很多公司早期根本就没有运营团队，他们听从的是传统互联网公司"产品第一"的思路，任由用户自由"有机"地发展，顶多在网上买一些广告。他们在总部以外基本上员工不多，并且也不会像Uber这样用非常科学的方式像管理经济一样管理自己的运营体系。用一个类比来说，那些硅谷公司有点像是完全的"自由放任主义"，而Uber的运营则会监控各方面的数据，主动地去调配供需平衡，并有选择性地投资市场的增长（关于这一点，后文会详细讲述）。因此，在美国市场出现的结果是，Uber自2010年开始运营以来，只要在一个地方开展运营，很快就会获得高速增长，超过其他公司。其用两年的时间迅速取得了美国市场占有率第一的地位，并且在全世界众多市场都占得先机。

Uber到了中国以后，这套方法在很长一段时间内依然非常先进。当然相比之下，中国互联网公司在这方面比美国进化得早一些，以阿里巴巴为代表的电子商务公司拥有大量的销售和BD（地面推广）。滴滴出行创始人兼CEO程维就是销售背景，滴滴的早期团队也号称是阿里巴巴的"BD铁军"。但是"地推"和"运营"还不完全是一回事，因为地推只是运营的第一个环节，即利用线下方法去获取用户，这个过程是相对手动的，跟传统的销售差不多，也不需要很多技术上的帮助。滴滴会"地推"，但是不会"运营"，即在一个用户进入系统之后，如何让他尽快地转化，如何在用户即将流失的时候再次激活，在这个层面，Uber走在

国内众多公司的前面。

　　我的一个朋友这样讲他对Uber的体验：在Uber进入北京市场之前，他曾经在北京两次打开过Uber应用，当然是并没有发现车辆。Uber进入北京之后，他就收到了一封邮件，大致内容是发现他之前在北京打开过Uber应用，现在终于开始服务了，请他试用，还附赠了一个优惠码。这件事情给他的印象极其深刻，并且成为"Uber运营牛"的一大例证。但事实上，这只是运营团队一直程序化在做的很多事情之一：只要一个用户曾经打开过应用但是并没有看见车辆，系统就会记录在册，并认为这个用户有了不好的体验。因此为了防止用户流失，之后我们会规律性地把数据抓出来然后将用户"重新激活"。在我加入Uber的时候已经拥有了这样一套系统，基本达到全自动化。在Uber刚进入中国的时候，很多从国内互联网公司加入的同事都对这套系统感到惊叹，包括后来的滴滴都以此系统为蓝本，对自己的整套体系进行升级改造。

1.4　大博弈：技术、商业、人才、资本的全球化

　　从2010年Uber创立开始，在过去的五六年当中，全世界所有主要的互联网市场都出现了有本土特色的打车软件（见图1-2）。由于打车服务非常本地化，再加上一开始的技术壁垒并没有那么高，因此打车软件开始遍地开花。在潜力大的市场，领头羊一般就会做得大一些，小一点的市场则次之。很早以前我们就发现，各国五花八门的打车软件的你来我往就像国际关系一样，有联盟，有敌对，有"外交"，也有"国与国"之间的投资和支持，是商业史上的一个奇观。

图1-2 全球打车软件竞争版图

看看全球所有主要国家的代表打车软件的估值排行，居然和这些国家的GDP排行惊人地相似：Uber估值680亿美元，滴滴出行（以下简称"滴滴"）估值350亿美元，东南亚的代表打车软件Grab估值50亿美元，而印度最大的打车软件Ola的估值也有50亿美元。这个列表上还有中东最大的打车软件Careem，俄罗斯最大的打车软件Yandex Taxi……这其中还有一家已经倒闭的公司——英国打车软件Hailo，其实是与Uber同期的市场先行者，也是滴滴的雏形来源。

这些公司当中，除了Uber在全世界都开展运营（中国业务出售给滴滴出行）以外，其他公司都专注于一个区域或者国家（比如东南亚的Grab覆盖本区域的12个国家），顶多像滴滴一样对其他地区的公司进行投资。

滴滴之前就曾经投资Lyft还有Grab（当时叫做GrabTaxi）来合纵连横，对抗Uber。而Uber和滴滴达成合并协议以后，Lyft和Grab就失去了滴滴的支持，因此Uber一石二鸟，对这些对手也取得了战略优势。这种彼此之间谜一样的"外交关系"，简直上升到了地缘的高度。一个"打车软件之战"居然能玩出"冷战范"，这与国际形势极其巧合——自二战以来美国建立了霸权并在多地驻军，中国的影响力正在通过亚投行等国际投资机构获得稳步提升。

同时，在这些形形色色的公司背后，是遍布全球的风险资本。在早期，支持Uber起家的资本来自美国（Google、高盛等），支持滴滴起家的资本来自腾讯和中信产业基金，但是当几家公司越发展到后期，资金来源就越多元化。其中有阿里巴巴的最大股东软银（分别注资了快的打车、Ola、GrabTaxi，把Uber在每个市场的竞争对手都投了个遍），有俄罗斯风投DST（京东的大股东，据说是滴滴快的合并的最大推手），也有无处不在的沙特土豪们——沙特、卡塔尔、阿联酋等国家的主权基金全部投资了一家或者多家打车软件。时至今日，已经很难说清楚Uber和滴滴到底是属于美国还是中国的公司，他们背后的投资人多种多样，而且Uber还是滴滴的最大股东。

所以我觉得可以做一个这样的总结：打车软件的发展历程是商业史上的传奇故事，这其中充分体现了技术、商业、人才、资本的全球化与多元化。能够参与到这个时代大潮的故事当中，我感到很荣幸。

02

开拓者进入中国

　　我的内心深处感到，虽然公司还小，而且在中国前景未明，但是在我和它接触的这一个多月的时间里，已经有一种说不清道不明的情绪像磁石一样地吸引了我，让我相信虽然有这么多未知的因素，但如果它能够像我所感受到的一样充满激情，只要艰苦奋斗，一切最终都将化险为夷。因此，我决定抓住这个机会，回国放手一搏。

2.1 初次印象：切入民生的"独角兽"

2013年夏天，我第二次来到硅谷。原计划是再次休学做自己的一个创业小项目，哪知道只开展了三个星期，就发现了我的签证问题：如果我再坚持休学，就会直接丢掉自己的实习签证（OPT），这样毕业之后我就不能留在美国工作了。所以创业项目只得作罢，我对人生的下一步也突然迷茫起来。于是我找到了以前在硅谷的一位朋友兼导师，他是Peter Thiel（PayPal的共同创建者之一）的投资经理。通过与他的交谈，我的首要想法变成了努力加入Peter Thiel旗下的风险投资基金Mithril Capital。既然想从事风险投资工作，就得对当时创业公司的趋势有一些了解，于是我开始对那一年新涌现的公司进行调研，也就这那个时候了解到了Uber。

2013年6月，Uber完成了C轮融资，投资方是Google及德州太平洋集团，估值达到了35亿美元。2013年9月，硅谷最有名的科技博客TechCrunch发布了一篇报道，描述了一批估值超过10亿美金的创业公司，文章把这些公司叫做"独角兽"，用来形容此类公司的稀少。在我的印象中，这就是"独角兽公司"这个词语的来源。在那份榜单中，排名最高的是当年风头正劲的文件分享软件Dropbox，还有从事数据分析的软件公司Palantir，以及房屋租赁企业Airbnb等。Uber在这份榜单中的排名并不是特别靠前，估值只有30亿美元，而Dropbox当时的估值已经达到了80亿美元。Uber此时正处于进军亚洲的早期阶段，在中国更是仅仅是在试水，前途一片未知。

即使如此，我却感觉到了Uber与其他公司相比有一些很明显的不同之处，它不仅仅是一个应用，也不仅仅是一家软件公司，而是一个有能力覆盖全世界（当时已经初具规模）的交通网络。因此，Uber可以给人们带来实打实的变化，是一个真正影响人们日常生活的产品，而不是像彼时许许多多的手机应用一样，价值仅仅存在于虚拟空间之中。而且，由于出行行业是一个离民生非常近又本地化的行业，并且属于城市基础建设的一部分。因此在运营的过程中还免不了与政府和法规的接触。

并且，Uber是这几家公司中唯一在中国有一些动作的。通过询问一些当时和Uber团队有接触的朋友，我进一步得到了一些信息。

- 我之前做科技记者时的老板、Pingwest中文网的创始人骆轶航告诉我，他于2013年8月在上海见过刚来到上海从事扩展业务的Uber员工。对方给了他一张200元的优惠券，于是他叫了车，等了大概40分钟，终于等来一辆奔驰S级轿车。司机很职业，服务水平也很高。司机告诉他，Uber刚来上海大概几个星期，司机和客户都很少。
- 一位在汽车行业从事咨询工作的朋友称，Uber正要进入中国的时

候找他们做过咨询，也想要聘请他。不过他很看衰前景，主要是因为Uber在刚进入亚洲的时候招募了一些在GroupOn(高鹏)中国工作过的人。GroupOn在中国的业绩并不佳，因此早期听说这件事情的中国人，尤其是硅谷华人，反响都一般。

- 当时在中国已经有多家打车软件，除了大家所熟知的滴滴和快的打车以外，还有易到用车、摇摇招车、大黄蜂打车等一系列企业。滴滴和快的由于首先获得了来自腾讯和阿里巴巴的战略融资，因此最被看好。

这就是当时的大概情况。客观地说，并不能说前景乐观，甚至并不能说有什么明确的前景。不过即便如此，我还是打算碰碰运气。我在LinkedIn上找到了Uber的亚洲招聘总监的信息，据此推测他的邮箱，并发了一封长长的邮件，讲了我对Uber在中国的发展前景的看法，同时也附带介绍了自己做过的一些项目和对中国市场的理解。我只是随便试试，因为网站上并没有写他的邮箱地址，因此我并不确定他能否收到这封邮件，就更不用说Uber是否在招人及接下来的事情了。

出人意料地是，仅仅几个小时之后我就收到了回复。我猜对了他的邮件地址，而且他对于我这种发冷邮件（cold email，直接给一个并不认识的人发邮件）的行为非但不嫌弃，还显得十分热情。他直接问我能否在第二天面试。我当时找工作已经快两个月，接触了各种大大小小的公司，对于HR部门的懒散、傲慢或者爱答不理的态度已经司空见惯，而Uber的招聘总监居然这么快地回复我邮件并且让我第二天就面试，实在是让我受宠若惊。随后的通话也很顺利，他不仅把面试安排妥当，还直接问我什么时候可以入职上班。我当时心中一惊，因为我还在大四的上半学期，按理说还要半年多才能毕业，难道他这是想让我直接辍学了？这种态度给我一种强烈的印象，即这家公司真的重视人才，并且发展迅速、时不我待。于是我一时热血，就告诉他这个学期上完课就可以去入职，下学期不念就不念了……

2.2　七轮面试+发放小广告

在接下来的面试中我接触了Uber亚洲团队的几位先驱者，他们都给我留下了极其深刻的印象。与学校里那些按部就班招聘的咨询公司相比，仿佛一缕清风拂面。

比如Uber亚洲扩张团队的总管S，出身金融世家，毕业于斯坦福，曾在高盛工作8年。业余身份是摄影师，他曾经多次前往朝鲜并拍摄了一些万人团体操等具有特色的照片发表在BBC等媒体上，并且被评为年度旅行摄影记者（而他的主业是一位银行家）。我在面试之前准备背景知识，就上网搜索了他的名字，结果搜到的都是他在朝鲜拍摄的照片。2012年他降薪97%加入了Uber，开拓了伦敦、阿姆斯特丹、约翰内斯堡、新加坡等城市的业务，而上海是他负责开拓的第六座城市。当时的我看到这样酷炫的人生经历简直惊呆。如同上一章提到的一样，这些人代表了Uber的扩张及运营团队第一批员工的普遍形象：背景优越的行业精英，为了追求新的生活体验和增长潜力，舍弃了自己原来的优越条件，来到Uber。这些人的汇集使得Uber虽然还是一家中小型公司，但是又充满了聪明能干的员工，与此同时却没有金融业普遍的虚荣、精英主义风气，而是充满了情怀甚至是摇滚气质。

另一方面，在我面试的过程中，也强烈地感受到了Uber快速的工作节

奏。我接触到的员工身上都有一种巫师般的气质，自己给自己打鸡血，每天工作18个小时是家常便饭。在我和Uber亚洲的运营负责人通话时，我这边是波士顿时间下午5点，而他正在东京的酒店里，时间是早上5点，准备在面试后去参加东京团队的运营启动活动。后来还听说他在自己的日历上专门标记了晚上0点到早上5点的"睡觉时间"，避免这个时间之内预约会议。他是Uber的第25名员工，两年之内历任芝加哥运营经理、芝加哥总经理、美国中西部大区总经理、亚太区总负责人等职位，以每半年升一级火箭式的上升，又在管理美国中西部整个市场的情况下毅然放弃原来的职位，来到亚洲为Uber开拓新天地，在公司内部被普遍认为是一位传奇人物。

我在前往波士顿办公室面试的时候，面试我的市场经理告诉我，由于工作紧张，他已经两天没回家了，就一直睡在公司。我自己在小小的创业公司的时候，也经常这样做，此情此景下，不仅感觉自己的热血又被激活了。

在完成了六场面试加上笔试之后，波士顿团队交给我了一个小任务，让我在我的学校发放乘车优惠码。他们给了我三四天的时间，看我能发出多少个。我当时已经被连续不断的面试搞得心力交瘁，对于Uber能想出这样的面试题我也是服了，因为我申请的是市场经理职位，却让我去做这种扫街发传单的工作。后来我才知道，这是Uber的优良传统，不管面试什么职位，都一定要让候选人做一些基层工作，据此反映是否实干。

接到这个任务后，我立刻在图书馆制作了几百张小卡片（见图2-1），并参加了那个周末学校里能找到的所有活动，见人就发。诚实地说，我个性比较内敛，本来不是特别适合做这样的推销工作，但是情况如此，也不得不逼着自己硬起头皮。我的同学见到我都打趣，"想不到你也走上了拉皮条的道路了"，我也是一时语塞。就这样，我在连续两天的时间里参加了十几场活动，由于说话太多，导致嗓子哑了，随即发烧卧床不起，不由得心急如焚。

图2-1　为完成面试任务所制作打印的优惠码小卡片

当时下一周刚好是感恩节假期，我又想到一个点子，觉得下一周大家都会前往机场回家，我们学校在郊外，大部分同学又没有车，应当是一个打车需求旺盛的时候，得抓住这个机会。于是我又印了几百张小卡片，上面写着："感恩节发愁怎样去机场？使用Uber优惠码吧！"我早上5点起床，把它们铺在各个宿舍和图书馆的门外排成一列，完全拦住大家出门的路。回去睡了两个小时之后，我再出门检查，发现纸片都没有

了，而且翻了翻旁边的垃圾桶也没有，这种情况下应该是都被人拿走了吧……

就这样，在大概三个星期的时间里，我以接近每三天一场的速度进行了7场马拉松式的面试，在最后一轮面试结束的时候，我终于拿到了Offer。这个时候，真正的纠结来了。一方面是父母关，如果接受这份工作，我就得立刻离开美国。在那个时候，其实大部分的同学还是想能够留在美国工作的。回国的话，不仅公司的前景未知，也会感觉整体的职业前景不够理想。对于我的父母来说，他们一直以来的希望就是我在美国完成学业之后，留在美国工作。而这样，我不但无法留在美国，还加入了一个前景不确定的公司，可想他们是肯定会反对的。不过在和父母的交涉上，由于我在休学的时候就已经违拗过他们一次了，因此这次他们即使反对也不会成为决定因素。但另一方面，对于我自身而言，回国的代价的确不小，相当于我放弃了在美国一年的实习机会（OPT），况且我为了获得更长的STEM OPT专门学了一个理科的专业（美国签证法律规定，如果学生的专业满足某些要求，一般来说是理科，则可以在美国实习29个月）。现在看来，这个专业也白念了。最后一点，Uber给出的offer，在现金层面完全不能算多，远少于当时我的一些同学在投行的收入。给出了一些股票，但是对于这个当时成立才不过三年的公司来说，这些股票未来会值多少钱只能说是遥远的想象。

大概一整个周末，我把自己锁在屋子里、接近水米不进的状态中，整整想了两天时间。我写下了当时能想到的所有因素，包括公司的发展及自己未来的发展方向。这时，有两件事最终促使我决定加入Uber。首先是我又找到了我那位给Peter Thiel做投资经理的朋友寻求建议。他人在旧金

山，对Uber十分熟悉。他引用了Facebook现COO ——Sheryl Sandberg
在2002年加入Google的时候Eric Schmidt对她讲的话："如果有人给了
你一张火箭船的船票，不要问是什么座位，赶紧上去再说。"另外一件事
是，刚好有一条新闻称Uber的内部数据报表泄露了，数据显示Uber过去
一年增长超过10倍。我的一位朋友也看到了这篇新闻，就在我十分纠结的
时刻给我打来了电话，劝我不要在乎这么多的外部因素，公司的增长潜力
是最重要的。

这两件事似乎唤醒了我，我的内心深处感到，虽然公司还小，而且在
中国前景未明，但是在我和它接触的这一个多月的时间里，已经有一种说
不清道不明的情绪像磁石一样地吸引了我，让我相信虽然有这么多未知的
因素，但如果它能够像我所感受到的一样充满激情，只要艰苦奋斗，一切
终将化险为夷。因此，我决定抓住这个机会，回国放手一搏。

2.3　加入广州三人团队

2013年12月17日，我完成了大学时代的最后一篇论文。18日，我收拾
好行装，和几个好友吃了顿饭，告诉了他们我即将提前结束学业、回国加
入Uber的决定。当时Uber已经在中国的上海、深圳和广州这三座城市建
立了小规模试运营，其中广州开始的时间最晚。因此，我被派往广州执行
自己在Uber的第一个任务：担任临时市场经理。

19日，我拉着几个箱子坐公交车前往纽约，并从纽约坐飞机直抵广
州。20日，到达广州后我直接打车前往办公室。到了办公室要下出租车的
时候我才发现，我身上连人民币都没有，只好让同事帮我付钱。办公室位

于广州市CBD中心一座狭小的写字楼中，有两个房间，一间在四个角落里各放着一张办公桌，大家就背靠背地坐着，另外一间则堆满了各种物料——印着公司logo的衣服、准备送给用户的纸质红包等。

广州团队当时已有两位同事，一名运营经理、一名扩张团队负责人，我加入来担任市场经理，三个人就组成了当时开发广州市场的小分队。这其中，运营经理负责管理车队，市场经理负责增长和维护用户，而扩张团队负责人是当时的临时总管。

这位扩张团队负责人是我在Uber的第一位经理，她生于中国香港、在美国长大，之前在KPMG会计事务所工作了三年，于2012年在美国加入Uber，她加入时公司大概有一百人，在美国东部和中西部工作了接近一年，于2013年夏天来到亚洲，先后创建了台北、吉隆坡两个城市的运营团队，广州是她的第三站，同时也是在中国内地的首座城市。另外一位同事则于一个月前刚刚加入，他也是中国香港人，在从事了三年投行工作以后加入Uber，本来计划负责中国香港市场，但由于种种原因没有开始运营，于是促成他来到广州。

广州是当时Uber在全世界进入的第61个城市。这61个城市当中，除了在美国大概有10座城市再加上欧洲的伦敦和巴黎的运营模式相对成熟、团队相对大之外，其他的团队全部由像我们这样的三四个人的小团队构成。扩张团队的负责人在公司内部被叫做"launcher"，粗略地翻译为"开拓者"。这个名词很难找到一个准确的翻译，主要是因为美国传统意义上的公司运营也没有这样一个职称，所以很多人在第一次听到"launcher"的时候，还以为是"Rocket Launcher"，即"火箭发射器"。

开拓者的工作是将Uber的运营快速地带到世界各地，简略来说，建立一个城市运营的流程有以下几个步骤。

- 进入市场之前的调研：调查所在城市的租赁公司的情况，并确保这座城市的潜在市场足够大，于政策法律合规。
- 进入市场试运营：找到第一批司机和第一批乘客。
- 招募最开始的运营团队成员。
- 建立媒体关系，（需要时）注册分公司，正式完成运营的启动。

所有这些都需要在三个月左右的时间内完成。可以这么说，开拓者在进入一座城市的时候很可能什么也不知道，谁也不认识，但是短短三个月后离开的时候，就需要在当地留下一家小公司。想要胜任这个工作，首先需要具有勇往直前的个性，直接来到一个自己一点资源也没有的地方从零干起；其次还需要极高的情商，能在很短的时间内在当地建立人脉和伙伴关系，逢凶化吉，灵活处理各种当地可能发生的状况；最后还需要能慧眼识人并且有领导力，为当地快速地建立起一个稳定且快速增长的团队。而且，仅是把运营建立起来并不算完，只有团队都招募成功而且稳定了，这次启动才算成功，开拓者就能继续前往下一个城市了。

可以说，这些几乎全都是创业需要的关键素质，想完成这件工作需要很强的综合能力。正因如此，开拓者们也是我在Uber遇到的最优秀的人之一，尤其是那些早期的团队成员。相比之下，后来Uber的名气更大了一些，在扩张到新城市的时候阻力是越来越小的，但是在早期Uber籍籍无名的时刻，可以说一城一池都是靠这些人的双手打下来的。

开拓者的生活漂泊不定，由于在每个城市都只待三个月，因此基本上一直居无定所，处于出差状态。我在刚加入的前半年，也做过城市的扩张，辗转在广州、深圳、香港、北京，住了半年的酒店，最后自己已经受不了了。这样的生活方式要求人一定要有对不确定性和"漂泊感"有非常好的适应能力，同时还要有一颗"四海为家的心"。听起来好像很潇洒，但其实是很孤独的。能够长年累月过这种生活的人，都不简单，因此，这些开拓者很多人之前都有着十分丰富的人生经历。

- 意大利人L，之前在法拉利金融集团工作，担任负责法拉利保险业务的副总裁。他于2012年年初加入Uber，启动了约翰内斯堡、莫斯科等城市的运营。这两个城市的开拓工作都不简单，因为南非和莫斯科的出租车都长期被当地的黑帮把持，他因为触动了当地集团利益，遭遇了安全威胁，甚至到了公司为他配备保镖每天随他出入的程度。他现在已经离开Uber，在另一家共享经济企业WeWork担任全球副总裁，全面负责运营业务。
- 加拿大人N，负责印度市场的早期开发，他是来自加拿大的第二代印度移民，加入Uber之前在迪拜工作。他的客户是卡塔尔主权投资局，说得通俗一点就是卡塔尔酋长的家族基金。他向我讲述了在中东的工作经历，由于投资局名义上的领导是一位酋长，但是他几乎不来上班，只是每个月来一次公司签字，其余的时候就是打猎玩鹰或者养豹子开飞机，听得我眼睛都直了。

我在这里想讲的是，这些开拓者其实不只是工作背景很好，更多的是他们大多数人的确都经历丰富，而且很有人格魅力，一些人的生活听起来简直像是电影中的特工一样。也许的确需要这样的人，才适合进行从0到1的扩张工作。这些人才的存在也使得公司更多了一份传奇色彩。

2.4 第一次大考：跨年夜

我入职一周以后，就得以首次目睹全公司每年一次的业务大考：跨年夜高峰。Uber的专车服务，由于早期专注高端市场，因此具有非常强的活动属性。活动需求最高的时候就是大型节假日——大家外出的时候，尤其是新年期间。正因如此，和其他公司新年的时候放假不同，跨年夜是Uber全年最繁忙的一天。因此在这一天我们形成了一种传统——在司机端和乘客端都做好准备迎接新年高峰。所有的团队成员聚集在办公室，奋战一夜全程监控车队状况，并随时做出调整。与此同时，全体成员共同庆祝新年，这也是一种独特的团队建设的方式。

2013年是Uber打车应用上线以来的第四个跨年夜，这是我参加的第一个跨年夜活动，而我同时刚刚在广州度过了在Uber的第一个星期。当时全中国的Uber员工一共有8个人，包括从美国来的及从国内招募的，即还有2个同事在深圳、3个同事在上海，但我对他们都一无所知。当时上海是Uber中国发展得最好的城市，所以中国团队决定在2013年跨年夜让整个正在中国执行任务的团队都前往上海，一起进行跨年，同时也完成Uber中国有史以来的第一次团建活动，所以当时我非常兴奋。

2013年12月31日晚，我抵达上海，终于见到了小小的中国团队。我所在的广州团队3人、深圳团队2人及上海团队中的2人，都来自Uber的全球扩张团队，上海三人团队中的另一人是在本地招募的一位市场经理，也就是Uber在中国本地招募的第一位员工。大家见面简短寒暄之后，在一家饺子馆里吃了Uber中国的第一顿跨年饭。饺子馆是路边摊，面积小得惊人，只有两三张桌子，桌面摆上盘子之后连放啤酒瓶子的地方都没有。这架势足是一家本地的创业公司，而不是一家所谓的正要进军中国的外企。在此之前我觉得还是存在"外企不接地气"现象的，但是看到这番情景就打消了疑虑。

吃完饭后，大家分头行动，分为运营经理和市场经理两批人，迎来了繁忙的一夜。

这是我第一次现场观摩了Uber极其草根、野路子十足的运营方式。Uber上海当时开始试运营服务大概有两三个月的时间，车队规模还相当小，而我们为这次跨年夜活动做了很多市场营销活动。为了应战这一天，运营经理临时找到三四家租赁公司来火线加车并进行司机培训。大概晚上八点半，几十辆奥迪A6开到了Uber上海刚租了一个月的办公室附近。

当时的上海办公室设在一个小型孵化器里面，大概有10家创业公司共用一个会议室。我们本来准备在会议室里进行司机培训，但后来发现到场的司机太多，就只好直接拉到街上。于是呈现了这样一幕：运营经理在街上拿着个喇叭直接给司机进行基本培训。我由于刚来，就做一些给司机送装备的任务，每份包括一部装了Uber司机端程序的iPhone手机、一个支架、一个点烟器(车载充电装置)，还有一个USB线，这就是当时Uber给司机准备的设备，全球统一。在运营经理培训司机的同时，我就把这些东西一个个地递到司机手里。当时的感觉就像是小时候学校组织去街坊邻里做好人好事，很怡然自得。然后，运营经理还需要给合作伙伴付钱，由于公司的财务远在荷兰，很多时候钱不能按时到账，在这种情况下租赁公司就会威胁罢工。好在运营经理以前从事金融业，存款不少，他就从自己的账户里取现金垫付给租赁公司。于是又出现了这样一幕，运营经理取了接近20万元的现金装在身上的口袋里交给租赁公司，因此浑身上下看上去都鼓鼓的，他还自嘲说："我以前是风险投资经理，但是现在看上去就像是贩子。"

紧接着我又跟随市场经理去参与地推扫街拉用户的活动，相当于我在学校的时候闯入各种聚会发优惠码的升级版。所不同的是，在学校的时候起码我接触的都是同学，对于我的推销行为的容忍度还稍微高一些，而在这里就完全是上街推销。我跟着同事们走入上海外滩的一家家酒吧，直接跟坐在那边喝酒的人搭话。话题无非就是闲聊上两句，然后就问他们有没有听说过Uber，除了一些在美国使用过Uber的人，答案自然大部分都是没有（这里的人还基本上都是以外国人为主），然后我们就会给他发一张事先印好的100元的Uber优惠卡片。要知道，Uber招募的这些高盛等投行来的顶级人才，却在这里撸起袖子做大街上发传单的工作，但与此同时又丝毫不觉得自己丢了面子，因为他们和人搭话的方式自然又幽默，而且发给客户的卡片制作精美，有点像美国运通卡的黑卡信用卡，递出去也丝毫不感觉寒酸，因此客户最终基本都善意接纳。而我在这个过程中还是挺震撼的，只能说，这的确是一种很奇异的特质，或者说是高层次的推销技巧，能够把创业公司普遍进行的接头发传单的活动做得这么自如洒脱，不知道这是公司的文化所致，还是员工的气质的原因，但更多的是两者相互促进、相互加强。

为了方便大家跨年，我们特地在上海租了一间airbnb公寓。大概晚上11点，整个团队8个人再加上特地从新加坡前来的亚洲运营总监来到公寓中（见图2-2），进行最后的准备。我们把电脑连接到大显示器上，实时显示Uber中国试运营的三座城市——上海、广州、深圳的运营状况：一张地图上面，显示着所有的车辆位置，每辆车的状态(空闲、有人或正

在前往接送等），以及所有发出请求的乘客的位置。我们把这个软件叫做
"GodView"（上帝视角），其界面就像玩星际争霸一类的即时战略游
戏一样，让员工对一个城市之内所有车辆运行系统的全貌有一个实时的
全面清晰的概括。而我们就像交易员盯大盘一样，随时实时地对供需状
况进行调配。如果某个地区出现叫车乘客多而司机不足的情况，我们会
立刻给租赁公司甚至是司机打电话，让他们前往乘客更多的地点。几百
辆车就这样一个个打过去，传统公司的调度员也不过如此。

　　凌晨1点、新年钟声敲响的一小时后，正是旧金山时间的12月31
日早上10点。按传统，这个时候是全公司员工大会的时候，总部团队
会举行"跨年夜特别节目"，遍布全球各地的所有团队也在一起汇报
讨论新年夜的准备状况。亚太地区作为全世界第一个进入2014年的团
队，我们自然第一个祝大家新年快乐，紧接着是澳大利亚团队、孟买
团队、阿布扎比团队、俄罗斯团队、巴黎团队、伦敦团队等。有的地
区运营得久一些，有的新一些，但是都进行了像我们今天这样的紧张
的准备。虽然我当时到Uber仅仅一周，见到的同事不过就是这么五六
个人，但想到自己在全世界还有几百名同伴，和自己做着一样的努
力，还真是有点兴奋。

　　会议结束，我们几个人继续盯屏，太困了就喝点事先准备的啤酒振奋
一下。新年夜的高峰大概在12点到1点之间到来，2点以后就逐渐减缓。到
了大概3点半左右，跑了一夜的司机们大概也困倦了，就逐渐收车回家。
大概4点半左右，所有的司机基本都回家了，我们也就在公寓的卧室里倒
头便睡，每三四人一间，睡得东倒西歪。我在Uber的第一个跨年夜就这
样结束了，回想起这刚入职一个星期以来的奇妙经历，对紧接着要到来的

2014年感到激动而又忐忑。

图2-2　2013年跨年夜，Uber中国创始团队及亚太区管理层人员

03

蛮荒时代

从小范围开始，确保小范围之内的用户体验最好，而不会盲目地进行"摊大饼"式的业务扩张。什么样的用户体验才能说是非常好呢？我们设置了一个黄金标准，叫做"5分钟ETA"，意思是说，如果一个用户在Uber服务区范围内任意时间打开应用，都有一辆车可以在5分钟内到达，就可以认为这个区域的用户体验很好了。

从2013年年底在上海、广州、深圳三所城市开始试运营，到2014年8月北京发布"人民优步"产品前（见图3-1），可以说是优步在中国运营的第一阶段。在这个阶段，Uber的中国业务总体来说规模较小，并且没有与滴滴等公司形成直接的业务竞争。到2014年9月为止，优步的运营还仅限于北上广深四个城市，在中国的全职员工不超过20个人。因此，这段时间可以说是真正的草创时期。

图3-1　2014年优步北京启动活动，Uber　CEO介绍北京团队

在这段时间里，Uber在中国虽然远没有达到后来的知名度与成功，但却是我个人感觉学习与收获都相当大的时期。这段时间内我经历了一家创业公司真正的从0到1的成长，并且由于团队的灵活及公司资源的紧缺，获得了一系列的实干锻炼机会。

3.1 冷启动——5分钟黄金标准

创业公司在开始阶段最难的事情自然就是冷启动，即如何在没有任何用户和没有任何关注度的情况下完成0的突破，这是所有创始人都要面临的第一大难题。对于Uber这种涉及供需双方的平台型企业，难度就更大一些，因为这是一个鸡和蛋的问题——如果没有客户，司机接不到单，就不愿意和Uber平台进行合作，但是如果没有司机的话，乘客叫不到车，整个App就没有用了。不用说，在一开始的时候，两者都是没有的，因此就要有策略性和有针对性的从零开始建立运营。

3.1.1 先拉司机，再拉用户

为了解决这个问题，我们在运营上制定的策略是以供给端为主要驱动，也就是先拉司机、再拉用户。原因有几个：首先，Uber平台上司机和乘客的数量并不是完全对等的，大部分情况下乘客的数量要大于司机，并且要大许多，所以说相对来说一个司机对于平台的价值要高于一个乘客；其次，很多情况下，尤其是早期并没有接入私家车的时候，司机的数量是有限的，因此几家打车软件乃至租赁公司都需要去竞争这个有限的司机群体，这就使得得到足够数量的司机显得更为重要。因此，在每一个市场，我们总是先试图去获得司机，乘客端则更多的是通过创意营销、口口相传，或者是降价折扣的方式来获得。当然，早期的时候整个平台的用户量非常少，司机并不相信这个产品真的有人使用，自然就不大愿意去进行合作。那个时候我们经常听到的抱怨就是司机觉得根本没单，甚至有人怀疑我们是骗人的（据程维对滴滴的回忆，也经历了这么一个时期，最后是2012年冬天北京的一场大雪使得大家第一次开始用打车软件，才拯救了滴滴）。

3.1.2 保底付费

在这个时候，为了让司机继续在Uber平台上线，我们采用的合作方法是保底付费。也就是说，我们会给司机按照一定时间（每天或者每小时）进行付费，而不管这段时间司机有没有单，这相当于是用钱买来珍贵的上线时间。接下来我们的任务，就是用客户把这些上线时间都填满。因此在这里，出现了Uber早期运营的秘诀之一：从小范围开始，确保小范围之内的用户体验最好，而不会盲目地进行"摊大饼"式的业务扩张。

很多成功的创始人在介绍经验的时候都讲到过这一点：一定要先让少数的核心用户十分满意自己的产品，而不是盲目求快地上量。Peter Thiel就曾总结道，"要使你最早的100个用户极其喜欢你的产品，把他们服务得非常好"，然后再考虑扩张和做大的事情。Facebook在最开始的时候就坚持只做大学校园，在一年多以后才第一次走出校园，甚至在进入不同的大学的时候也是极为谨慎，生怕原来的用户群体的使用质量受到影响。从Uber的角度来说，这个类比就是Uber服务的地理覆盖面积。因此我们在调配这些资源的时候，会特别注意把所有司机都集中在一个小的核心区域内，一直到这个核心区域的用户体验非常好后，才会考虑地理上的扩张。

3.1.3　确保优质的用户体验

什么样的用户体验才能说是非常好呢？我们设置了一个黄金标准，叫做"5分钟ETA"（ETA的全称是"Estimate Time of Arrival"，也就是预计到达时间）。意思是说，如果一个用户在Uber服务区范围内任意时间打开应用，都有一辆车可以在5分钟内到达，就可以认为这个区域的用户体验很好了。不要小看这一句简单的话，其实里面包含了很多的道理。我们很早就通过经验和数据发现，车辆预计到达时间是否在5分钟以内，是一个用户决定是否使用Uber的分水岭。一旦预计到达时间在5分钟以外，用户普遍就会觉得车辆还比较远，随即有可能选择其他出行方式，而一旦预计到达时间在5分钟以内，用户就很有可能会按下"叫车"键。

那么如何确保在任意一个地点叫车，车辆都总能在5分钟以内到达呢？这其实就是一个车辆密度的公式。任何一个运营区域的车辆密度 = 车辆总数 / 运营区域面积。这就是为什么我们之前说到在运营的初期要人为地减小运营面积，只关注一个小的区域。因为在车辆总数本来就很有限的情况下，如果还不加以限制，任由车辆满城跑，很有可能造成乘客在任何一个地点叫车都叫不到的情况。这种情况下，珍贵的司机上线时间这一资源基本就白费了，而且有可能会出现司机方欺瞒的情况。比如我们曾经发现一个司机，一直待在郊区的一个角落不动，由于地理位置偏远，也接不到单。后来我们决定专门去了这个地方一探究竟，结果发现这个司机根本就没在车里，他只是把接单的手机开着放在家里，怪不得什么单也接不到！由于我们是按时间给他付保底费的，他就这样坐在家里白拿钱。

专注于把一个小范围的客户先服务好还有这样一个好处：用户在Uber服务区域内有了非常好的体验以后，如果到了没有Uber覆盖的地区，会自然地产生对于产品的需求，因此这个时候，地理范围上的扩张就自然而然了。我们在进入北京的第一个整月内，有意识地把所有的车辆都限定在三里屯和国贸一带，因此在早期车辆有限的情况下，确保了在这个核心服务区的用户体验非常好（见图3-2）。与此同时，我们也一直在监控其他地区的用户打开应用的情况，因为很多在核心服务区内使用过Uber的用户，即使到了没有Uber覆盖的地区也会习惯性地"打开App看看"，如果这种情况到达一定数量之后，我们就知道可以进行地理上的扩张了。当然，即使扩张也一定要遵守上述的原则，因此扩大服务范围的同时一定要确保车辆的数量增加。

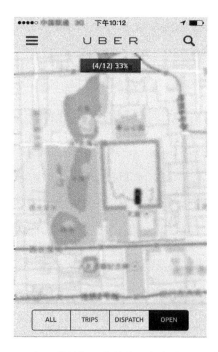

图3-2　　Uber北京运营早期，全城有12辆车在线，其中4辆在载客

3.2 如何增长：获取用户与建立品牌

冷启动取得突破之后，如何进行用户的增长呢？

3.2.1 清晰的市场定位

Uber在美国初创时就是做高端豪车业务起家的，在美国叫做"Black Car"，千万不要理解成是中国的"黑车"，这是酒店和租赁公司提供的高端车业务，俗称"Limo Service"，之所以叫这个名字，是因为高端轿车一般都是黑色的。不过在2012年左右，Uber决定进入中低端领域，推出了平价产品UberX，并且从此开始了连续的高速增长。但由于Uber一直具有的相对中高端的品牌属性，再加上当时对中国的市场定位的考虑，使得我们在刚进入中国的接近一年时间里都主要以中高端服务的模式存在。事实上，在我面试的时候，通过和当时团队成员的交流就可以看出当时的市场策略。而我当时的想法是Uber应该以星巴克为最佳模板，努力打造一个受白领追捧的品牌，这在当时也比较符合团队成员及领导层的想法。

在运营方面，有两个主要的策略可以印证这种思路的体现。一是Uber中国使用的第一批车辆普遍是中高端车辆。为了寻找到这些车辆源，Uber采取的策略是与传统的租车公司合作。租车公司长期的主要业务是机场的接送及活动用车，在这些业务之外，其实车辆和司机的空闲时间都很多，因此从事Uber业务是一个很好的补充。早期在国内市场所使用的车辆以奥迪A6和奔驰系列为主，因为这是中国市场上及大众概念中"高端车"的普遍配置，在上海也有少数的宝马车，而最低配置则大概是日产天籁或者丰田凯美瑞这个级别。

二是Uber进入中国的城市次序也可以证明这一考虑。Uber进入中国的第一个城市是上海，随后是广州和深圳，第四个城市才是北京。之所以选择上海，大概是因为上海的外国人多，据说总数超过30万，甚至有数据说超过50万，这几乎已经是一个中型城市的人口规模。显而易见，外国人对上海的公共交通的了解相对更少一些，因而对于Uber服务的需求更强一些，与此同时对于相对价格比较高的服务的需求弹性也更小一些。而且很多外国人在国外已经使用过Uber，因此在Uber进入中国的时候，这些人就成为了早期用户。

3.2.2 获取用户注册

在明确了自己的市场定位之后，下一步就是要获得更多的用户注册量了，毋庸置疑，这是Uber产品获得成长最关键的步骤之一。要做到这一点，大概有以下几种方法。

1. 找到对Uber已经有品牌辨识度的客户

与大多数创业公司相比，Uber已经幸运了很多。虽然中国业务刚刚开始，并且团队不足十人，但是在特定的圈子里，还是有不少的人知道Uber，这些人主要是科技及金融行业的从业人士、外国人、海归与外企人员等。因此，这一部分是相对比较容易获得的客户。因此，我们在到达一个新城市之后，会充分去利用和寻找那些现有的资源，用于启动。比如前文提到过，我们会在系统里找那些在其他城市使用过Uber的乘客，给他们发出消息，告知他们Uber已经来到这个新城市了。当然，这个条件不是在所有地方都适用，在我所接触的几个城市来看，上海和北京由于上述几类人多一些，可以说是比较容易，在广州这个相对更加本土化的城市，难度就大一些。我在北京和上海接触的早期合作伙伴很多都知道Uber是先于滴滴开始运营的，因此他们有些人会认为滴滴是Uber在国内的山寨产品，但是在广州接触的合作伙伴对这些就没有任何概念，我就只好对他们说，我们就像是"美国版滴滴打车"，他才大概明白一些。Uber一向讲自己是世界打车应用鼻祖，但是在中国的初创期确实是无人了解。

2. 用户推荐项目

硅谷公司一向倡导产品要进行有机的自发增长（用专业术语来说叫"病毒式增长"），而用户推荐项目则是科技公司经常使用的"病毒式营销"手法中最普遍的一种。用户推荐项目的大概方法是已有用户邀请新用户注册，两方都可以得到一些奖励。据说最开始发明用户推荐项目的公司是PayPal，当初的做法是任何一名老用户成功邀请一名新用户，则两人都可以得到10元钱。PayPal靠着这个方法在几个月的时间内，从不到100个用户增长到了几百万用户，当然也烧掉了很多钱。Uber的版本则是每个用户有一个优惠码，分享优惠码则可以得乘车金。此种增长方式极大地调动了重度用户，尤其是那些有影响力的重度用户的积极性。我们在进入中国的早期阶段经常和一些有影响力的微信号合作，这些大号会在自己的微信文章中号召粉丝注册Uber。而粉丝众多的微信号往往能够引起成百上千人次的注册，微信号主则能获得上万元的乘车金。

3. 线下活动

注重线下推广是Uber的运营模式在一开始就十分不同的一点。从这个角度上来说，Uber的做法其实更像是一家快消品公司，而不是互联网公司。在Uber早期的运营过程中形成的三人小团队之中，就有一名团队成员专门负责组织线下的用户活动，头衔叫做"社区经理"（Community Manager），后来改叫市场经理，主要负责营销方面的工作。我们之前说过，运营经理一般来自金融业（投行和咨询是最大的人才来源），而市场

经理一般来自媒体、公关及活动策划等行业。

之所以选择从这些行业招聘，是因为Uber希望自己的市场经理可以在所在城市掌握大量资源和人脉，因此对所在城市内生活方式类活动进行有效的渗透。由于Uber提供的是出行方式服务，而且在早期主要是中高端出行服务，因此一些比较考究的活动对于Uber服务有着自然的需求。加上Uber一般不会花钱赞助，因此给这些活动场合提供出行优惠就成了最自然的合作方式。既然和这些活动合作，一般我们也就会去活动现场认识一下主办方和参加人员，这样也就找到了更多的合作对象。

因此，我们在进入中国的早期，合作了大量的此类"高端"活动，包括中国艺术奖颁奖盛典、李敏镐演唱会等。不能否认的是，这对于员工来说是一个很好的福利，因为我们作为合作方，也可以得到机会去参加这些活动，包括酒会、演唱会、时装秀、画展（见图3-3），从而也就认识了不少从事此类行业的朋友。Uber早期的所谓"高大上打车软件"的形象大概就是这样建立起来的。

图3-3　Uber广州赞助酒吧活动

4. 社交媒体营销

现在在中国想要运营一个互联网产品，恐怕不能忽视微博和微信的作用。Uber从在上海刚开始试运营的那段时间开始，由于团队里面没有几个中国人，对中国的社交媒体有所了解的人也非常少，所以在最开始好几个月的时间之内，Uber完全没有自己的社交媒体声音。我入职以后，开始着手给Uber建立社交媒体上的品牌，Uber的微博和微信都是这个时候建立的。

Uber的微信推广模式大概有两种，一种是通过Uber自己注册的官方账号，另一种是和所在城市的一些微信大号合作推广。其中，我们的官方微信平台作为"品牌宣传＋客服支持＋司机注册渠道"存在了一年之久。在Uber中国不花大价钱做营销的指导思想下，微信起到了重要作用，所有引爆全城的营销活动，甚至是降价通知，都是通过这个渠道进行传播的。一直到2015年年初和滴滴竞争越来越激烈的时候，由于"系统抖动"原因被腾讯官方封禁，从此以后，Uber无法在微信上注册冠名的官方账号，只能通过第三方账号进行口碑传播。

正是在这种第三方的微信账号传播中，Uber中国体现出了自己最具创造力也最具影响力的一面。由于Uber招募的高度本地化，使得对"本地市场情况＋社交舆情"高度敏感且行动快速的城市市场经理在进行营销活动的时候体现出了惊人的快速灵活性。往往上午有一个点子，下午全套方案就已经开始执行，晚上就已经刷爆朋友圈。其中一个最著名的案例就是2015年3月Uber官方账号被微信封禁的当天，我们立刻发出了题图"进得了全世界，进不了朋友圈"。大概就在几个小时的时间之内，这张图不仅刷爆全网，还出现在了科技媒体甚至综合媒体头条。

综上所述，Uber给团队以灵活度极高的开拓空间，同时招募非常有才华和干劲的本地团队，极大地加快了团队的运转速度。正因如此，Uber的营销策略就像一家本地化的创业公司一样，这在传统外企中几乎是不可能做到的。我的一位朋友对我说，他曾经同时和Uber及另一家外企合作，Uber的合作方案上午提出，当天下午就商定，第二天就开始执行，而与另外一家外企的合作，两个星期之后依然在美国的总部走流程，其差别可见一斑。

5. "一键"营销

最后，最符合Uber品牌气质的营销方式，就是用户现在已经比较熟知的"一键活动"，可以说是即Uber品牌建立的整个过程中最为出彩的一种营销方式。大致的意思，就是将Uber应用上的叫车键变成了另外一种新奇好玩的事物，从而让用户像叫车一样，"一键呼叫"就能得到这个服务。在Uber进入中国以来，我们做过多场富有当地特色的一键营销活动。比如上海做过"一键呼叫直升机"，杭州做过"一键呼叫摇橹船"，北京则做过"一键乘坐三轮车"还有"一键呼叫风险投资人"（见图3-4）。

一键营销的原理在于，Uber的应用上面可以进行呼叫的车型，其实连接的就是拿着司机端手机的另外一个人。因此这个人可以是司机，也可以是另外一个任何事物。当然，在传统的"叫车"的概念下，被呼叫的人会开着一辆车来到相对应的地点。这种网络世界和现实世界的无缝切换，现在大家已经习以为常，但是第一次体验的时候却让很多人都感到十分神奇。特别是很多看上去很复杂、需要仔细准备的事物，如果只要点点手机，5分钟之内体验到的话，更是一种极大的满足感。我们把这叫做"即刻享受"（Instant Gratification）。

图3-4 2014年2月，Uber广州"一键舞狮"活动

　　Uber发展历程中的第一个"一键营销"是"一键运送冰激凌"服务。它的起源是2012年夏天，Uber波士顿团队发现夏季需求不足，因为波士顿是一个大学城，而暑期学生们都不在学校。因此波士顿团队想出了这样一个独特的"雪糕车"方案（见图3-5）。在夏季的一天，Uber团队租了几辆雪糕车，在城里转来转去，并且上线了一个专门的车型叫做"Ice cream"，用户们从来没有见过还能这么玩的，对此完全震惊了，于是全部疯狂呼叫。据说当时上线的雪糕车只有不到十辆，因为本来就是一个小小的实验活动，结果由于用户疯狂呼叫，导致要想满足所有的需求的话将需要上千辆雪糕车——需要调集全美国所有的雪糕车才能满足这么多需求！

　　这次营销一炮而红，不仅仅是因为本身的创意，更是因为激发了许许多多外界关于"Uber到底能够做什么"的讨论。大家意识到，Uber不仅仅是一个叫车应用，它事实上可以"呼叫"来任何东西。在此之后，各种各样的营销创意就层出不穷，比如圣诞节一键运送圣诞树，感恩节一键运送全家福摄影师等。其中有一个尤其值得被提起，那就是2013年的"世界猫日"，Uber推出了"一键叫小猫"活动。为了准备这次活动，Uber联系了全美国的许多家动物收养机构，在活动当天，用户只要点点手机，几分钟之内就会有车辆将小猫送到面前，用户可以和小猫玩耍15分钟，还可以决定收养猫咪。这次活动再次引爆了互联网，因为这是个十分小众的节日，除了养猫的人以外，其他人估计都不知道这是什么节日。用户也对Uber员工居然能想出这样的营销点子而赞叹不已。

图3-5　Uber第一次"一键呼叫冰激凌"活动

有意思的是，Uber的这种营销活动最后发展成了一个创业公司的门类，还真的有很多公司就着这条路走了下去，把一开始的营销活动做成了真正的业务。在美国叫做"On Demand Service"（按需服务），在中国叫做"O2O"（连接线上和线下的服务），其中的佼佼者包括送餐、送药、上门提供保洁、上门提供按摩等一系列产品。如果说这么多创业公司都能抓住一个点子就做出一家公司的话，那Uber自己当然也可以。因此，一键活动之所以流行，也深刻说明了公司未来可发展的巨大空间。

3.3 与Uber中国共同成长

我加入Uber的时候，当时的全球员工有四五百人，已经不能算是很小的公司，用"成长型公司"来描述更为合适。但是Uber中国只有十个人以下，可以说是完全的早创阶段，这段时间，加上之后在北京开启"人民优步"服务的那段时间，是我觉得我在Uber中国的最有干劲、最有动力的"蛮荒时代"。

加入一个非常早期的创业公司的最大的好处就是，空白的空间实在太多了。只要你有想法、有创意，就有无数的事情可以做。也许公司是因为职位A招的你，但是由于业务发展，出现了B、C、D类工作，这个时候公司就需要招新人，但是创业公司往往不会很快招到需要的人，而且时间又很紧迫，不能像大公司一样设一个职位，面试好几轮再慢慢谈，所以很多时候出现的情况就是A员工直接顶上了，也因此通过现学现用，学会了B、C、D类工作所需的技能。

我在Uber中国的第一年里，几乎做过了全公司所有的岗位——市场经理、运营经理、社交媒体运营、数字营销，还临时负责过公关工作（因为曾经做过科技记者）。我能获得这么多机会的原因就是因为公司当时各个方面都缺人，所以我就自告奋勇地承担起了这些工作。现在想起来，可以说是十分的幸运，因为我刚进入公司的那个时候工作经验还很少，正是飞

速的增长让我得以有机会去接触这么多不同方面的工作，获得了比同龄人在类似的阶段更快的职业成长。后来想起来，这也就是为什么我当时虽然觉得Uber中国的前景未明，但依然坚决加入，因为本能地觉得在增长这么快的情况下，机会会自然地涌现出来。现在看来，这件事情是猜对了。

但与此同时，Uber中国团队比大多数创业公司已经幸运了很多。我们大概拥有三样一般创业公司没有的资源：首先是Uber的产品已经在别的国家被证明可行，因此运营的工作开展得相对比较顺手一些，包括我们高度发达的后台数据监控调度系统，这些都在人力非常稀少的情况下极大地提高了效率；其次是Uber融资能力比较强，因此资金相对来说比较充裕，在进行推广的时候可以稍微使用一些激进一点的手段，比如说给新用户免费行程等；最后是Uber拥有一定的知名度，因此在接触用户和合作伙伴的时候也相对容易一些。

2014年2月17日，上海、深圳、广州三个团队同步举行了在中国正式启动的发布会。因此，这一天成为了Uber正式进入中国的日子。不过在当时，外界普遍的反应还是：Uber在中国开始"试水"了。的确，当时来看，这并不像是非常明显的大规模投资信号。2014年6月，Uber完成了D轮融资，估值180亿美金，这个估值也并没有把中国的业务包含在内，因为当时中国的业务量还非常小。

3.4　旁观打车大战

2014年上半年，我们正在中国自顾自地经营着产品和小团队业务，而当时中国打车软件的市场已经初露峥嵘了。虽然各大竞争对手还没有发生特别猛烈地直接碰撞，但已经开始跃跃欲试，但Uber基本上还是蛰伏状态。

当时，酷爱三国的我和同事甚至已经按照三国的类比画了一个"中国打车地图"。滴滴出行和快的打车作为两家最强的打车软件已经脱颖而出了，位于北京的滴滴就好像是"曹操"，而位于杭州的快的就好像是"孙权"，除此之外还有最早开始耕耘的易到用车，可以说是"袁术"或者"袁绍"。那Uber是什么呢？既根正苗红，又拥有最好的人才质量，还是小队伍，大概就是刘备吧（随后的发展还真的暗合了这一判断，成都成为了Uber在中国第一个发生爆炸式增长的城市）。

滴滴和快的彼时都已经获得了巨头的投资，滴滴更是因为被腾讯看作支付入口，因此获得了很多的资源。2014年春节对于微信来说是里程碑式的一战，全国用户在春节期间一共发出了10亿元的红包，成为了微信推出以来最成功的产品之一。因此春节过后，滴滴打车也上线了微信红包，作为一种吸引新用户的手段。2014年3月，快的打车也上线了支付宝支付。

为了推广这个产品，两方各做了一些使用移动支付免单的活动，结果这个推广一上线，参与用户量就爆发了，订单量呈几何级数增长，而且因为两边都在做，因此互相比谁烧钱更多的情况就形成了：滴滴首单立减10元，快的就会打出首单立减11元，第二天滴滴改成12元，如此往复……由于滴滴和快的在前一年都分别获得了腾讯和阿里巴巴的战略投资，也使两家创业公司的竞争很快升级为腾讯和阿里巴巴的对抗。烧钱成为天文数字，据说两家公司在三个月的时间里面一共花掉了20亿元人民币做推广（见图3-6）。

图3-6 滴滴与快的之"打车大战"

这场活动的影响非常深远，使广大人群都知道了打车软件，乃至滴滴出行和快的打车形成"两强"，基本上就是从这个时候开始的，而Uber当时还不在国内大部分用户的视野之内。美国总部很快也就知道了中国的打车大战。但由于Uber中国主要还是做中高端产品，因此还没有把滴滴和快的看作潜在的竞争对手。

曾经有朋友问我Uber会不会参与这场竞争，我的第一反应是，怎么可能，这样猛烈的补贴简直是疯了。不过，在不到一年的时间后，Uber也走进了中低端市场的激烈竞争，这是进入中国之后最大的转折点，这个转折点叫做"人民优步"。

04

"人民优步"：从高端到全覆盖

为了这场培训，我在网上发布了两个星期的广告，找到了100个司机，自己用手机一个接一个地打了50多个电话，最后居然就来了12个人，而这12个人当中不知道有多少才能成为司机，说不定也就五六个吧。这样下来也就是5%左右的转化率。这还有戏吗？！

"人民优步"是Uber进入中国以后产品本土化的标志性事件，也是Uber在中国快速增长的起点。这个产品来自于我当时所在的北京团队，我经历了这个产品从构思到上线的整个过程，也亲身招募了第一批司机。

4.1 专车前夜

2014年6月，滴滴出行（当时叫嘀嘀打车）和快的打车经历了一场三个月的补贴大战，交战双方各自消耗了数亿美元的资金。这个事件对于专车行业的发展非常重要，因为它把打车软件这样一个一开始相对小众的产品"烧"成了一个大众主流应用。

滴滴和快的两家公司经过数轮融资，也都成为了估值上亿美金的"独角兽"创业公司。但另一方面，对于打车软件能否带来收入乃至盈利也是一个巨大的问号，如果没有把流量变成收入的能力，那这整个游戏就将是一个巨大的泡沫。而当时的出行市场，大致分为低端、中端和高端三种服务。

- 滴滴出行和快的打车做的是低端的出租车，这部分量最大、价格最低、盈利能力最差。因为出租车司机在用打车软件接单的同时，并不一定需要用打车软件接受支付，很多人嫌麻烦还是依然用现金进行交易，在这种情况下，打车软件是没有现金流的。当时创业者们的共识是，必须将打车软件变成支付入口，培养用户的移动支付习惯，才能为以后进一步的变现打下基础。为了吸引用户使用移动支付，滴滴和快的两家都下了血本进行补贴（这也是"打车大战"的由来）。

- 位于市场中间的商务用车领域的是最早进入这个行业的易到用车。据我当时的印象，易到其实是第一个提出"专车"说法的企业，当时他们专注于为企业用户提供机场接送、公务用车、会展用车等服务，并广泛使用帕萨特、GL8等商务车型。易到用车的创始人周航的背景也与滴滴和快的的创始人不同，周航在创立易到之前已经是一位比较成功的企业家，也许与他的个人背景有关，和很多中国创业者喜欢讲"得大众者得天下"不同的是，他一向注重服务中产阶级。平心而论，易到用车的服务质量是非常好的，因此才有"专车"的称号，隐含的意思就是"让普通人也能体验像企业老板一样拥有私人司机的感觉"。

- Uber刚刚进入中国时做的是高端的豪华车，价格最高，不过用户也最小众。对于大部分的Uber用户来说，"活动类"出行需求（外出聚餐、约会、参加活动等）似乎远大于日常类出行需求（每天上下班）。每天都坐Uber的人非常少，而且主要是外国人和从事金融行业的人。

吊诡的是，第一个进入市场的易到，在分别向下和向上切入市场的Uber和滴滴快的的夹攻中，最终第一个掉队，充分地说明了一个反复被验证商业逻辑：最早的玩家不一定是最后的赢家。

我在2014年来到北京之后，曾经做过一次邮件营销。当时我给北京某个街区使用Uber的用户发了一封邮件，内含一个提供免费行程的优惠码。

后来我查看这封邮件的浏览记录，意外地发现打开这封邮件最多的用户居然是易到用车的创始人周航，也说明他一直在努力研究Uber。我顺着这份记录顺藤摸瓜地找到了周航的Uber账户，发现他早在2011年年初就在旧金山注册了Uber。当时Uber尚处于起步阶段，只在美国的旧金山和纽约两个城市有运营，而且刚完成了A轮融资。由此可见，周航很早就在旧金山坐过Uber，后来就回国创立了易到。等到Uber终于进入中国的时候，易到在国内已经风生水起了（见图4-1）。

图4-1　2014年的易到用车的应用界面

　　上一章篇末提到，Uber总部是了解滴滴快的打车大战的情况的。不过我们认为这场军备竞赛代价太过高昂，就只是作为围观群众，继续以"低调奢华"的方式运营高端服务。况且，Uber当时的客户群和滴滴快的的用户群几乎没有什么重合可言。不过，2014年8月左右，转折发生了。此时，Uber、滴滴和快的三家全部加入了私家车运营领域，Uber推出了人民优步，滴滴推出了滴滴专车，快的推出了一号专车。

这其中，Uber的人民优步起到了最大的推动作用，直接导致了滴滴专车的出现，而快的只是跟随了滴滴的战略。可以说，后来滴滴快的的合并，包括滴滴发展出专车、快车等整个产业生态，并达到今天的规模，人民优步的出现是重要的推动性事件。

4.2 "人民优步"诞生记

"人民优步"这个产品就来自我当时所在的Uber北京团队。想法的提出者是Uber北京团队的负责人姜智亚，英文名叫Ben。他是一个在中国工作了5年的"ABC"（美籍华裔），大学毕业于加州大学洛杉矶分校（UCLA），和Uber的创始人是老乡兼校友，在加入Uber之前曾经在中国做过四年的风险投资人。2011年，他作为拉手网的投资人参与了中国互联网在专车大战发生之前的最激烈的竞争——"千团大战"。在那次互联网战争中，除了以美团、糯米、拉手为主的本土互联网公司之外，最让人印象深刻的就是GourpOn的入局和失败。因此，Uber在进入中国的过程中，特别注意总结GroupOn的经验，并且招募了不少当时参与了团购大战的成员，这其中就包括几位前GroupOn中国员工及Ben这样的投资人。

姜智亚自己是美籍华裔，又在中国互联网界有多年经验，因此是硅谷的公司进军中国的理想人选。他曾经和滴滴的A轮投资人金沙江创投一起做投资，因此对滴滴的管理层及投资人都十分熟悉。在我们于2014年6月正式宣布在北京开始运营时，Ben就相信滴滴有可能在北京开始走私家车的运营模式，而彼时滴滴还是纯粹的"嘀嘀打车"，连App的图标也是一个看

上去挺土气的出租车式样。

如同前文所述，滴滴打车和快的打车当时都是纯粹的出租车服务，虽然量很大，但是因为出租车只是把打车软件当做工具，公司在其中基本没有收入可言，所以盈利前景一直广遭诟病。这似乎表明，如果想在未来实现收入和盈利，进入私家车领域乃是必由之路，即所谓的"共享经济"。

现在大家对于"共享经济"这个词语都已经十分熟悉，并且滴滴也号称是中国共享经济的鼻祖，但其实一开始它的商业模式和所谓的共享经济是没有什么关系的。这个词语的起源指的是Uber在美国所采用的私家车主加盟——"人人都可成为司机"的模式。不过在2014年的前半年时间，中国市场上并没有任何一家公司是采用这种方式的。Uber和易到采用的是和租赁公司合作的模式，这些车辆以前都是和酒店机场合作的，只不过现在与Uber、易到合作，业务性质并没有变，只是把打车软件作为了一个扩充业务流量的平台。早期Uber发布的UberBlack（高级轿车）产品，只做奥迪奔驰等豪华车品牌，后来价格下沉做了更加亲民的UberX，运营模式并没有变化，也并没有接入私家车，只是车型更加便宜了。这种模式的优点在于政策风险小，因为车辆本身就有营运牌照，缺点是车辆供给严重不足，因此未来发展的空间会受到一些限制。在2014年年初我刚到广州的时候，所在团队做过一个粗略的计算，整个广州所有牌照齐全的奥迪A6只有148辆，而这148个牌照还要各家公司进行竞争，增长空间就非常小了。

要想真正实现共享经济的愿景，就不可避免地要向私家车领域前进，只不过这里的政策风险就大了起来。中国传统上把未经发放牌照就从事营运服务的私家车辆叫做"黑车"，可见舆论上是比较负面的。此时，Uber团队从拼车这个角度找到了突破口。2014年年初，北京市市政府曾经发布了鼓励拼车及小客车合乘的法律文件。依靠这个政策，我们决定大胆地提出用私家车主从事拼车服务。在这个计划当中，人民优步服务的价格被定位为只能覆盖司机的成本，因此不具备盈利性质。

这项服务是Uber进入中国以来推出的最本地化的产品，因此起个接地气的名字十分重要。姜智亚在上海曾经住在"人民广场"一带，并对于中国为什么会以"人民"命名很多事物感觉到十分好奇，因此提出了"人民优步"的点子（见图4-2）。我和另外一个同事一开始都惊呆了，两人花了很大的工夫向他解释——在中国只有官方主办的机构才可能用"人民"冠名，并且还在网上搜索各种各样以"人民"为名字的公司解释给他看，我们不能叫这个名字。说实在，这个名字只有他这样的ABC才想得出来，但是可能也正好说明了Uber想要本地化的强烈愿望。

图4-2　人民优步第一版宣传海报

无独有偶，Uber CEO也对这个名字十分喜欢。记得当时我们和总部高层进行一次电话会议，讨论在中国从事低价拼车服务的可能性。Travis一开始对我们的提议反应一般，但是当我们说出"People's Uber"这个名字后，他好像受到了一些触动，语调突然间就兴奋了起来。或许这个口号激起了他心中的东方迷梦？在无数西方人心目中，他们对于那个红色时代的中国都有一种浪漫主义幻想，乃至我需要时时提醒他们，现在的中国和那个时候根本就没有可比性。不过，真正的原因，应该还是"人民"的注脚提醒了他，在美国只有5个城市人口超过500万，而中国有80个。中国有可能成为Uber在全世界最大的市场。

4.3 新考验：直面扩充兼职司机

人民优步项目于2014年7月正式启动，它代表着Uber在进入中国之后最重要的一次路线转折——从"高大上"的豪华专车路线转向了亲民的共享出行路线。这其中最大的不同就是司机来源从职业司机变成了兼职司机（我们叫做"P2P"司机）。这种模式最关键之处就是要快速招募到大量的司机，否则整个业务就无从谈起，这也正是当时我负责的任务。

如何寻找这些司机，这在当时对于所有人来说都是完全陌生的一件工作。从Uber进入中国开始到当时，我们都在和租赁公司进行合作，由租赁公司进行选拔和培训司机。每一个租赁公司都有自己所熟悉的司机群体，这个群体数量有限并且圈子很小。而像人民优步这种模式，则需要我们去社会上招募类似于散兵游勇一样的人员。举例而言，就好像从学校的对口招聘变成了社会招聘，口子宽了很多，对量的需求也大了很多。

我当时第一个想到的渠道是58同城，毕竟这种分类信息网站上一向有各类兼职信息，似乎是一个发布招募信息的好渠道。于是我自己写了几条司机招聘广告，大概就是介绍一下Uber，讲一下使用手机软件接单是一个什么样的流程，强调了我们认为自己具有的一些优势：时间灵活，随时上线下线；自动扣款，结算比较便利；乘客量多（这个当然是我的设想，当时服务还没有开启，哪知道乘客多不多呢）。麻烦的是由于怕被58同城当作竞品封禁（因为58自己有代驾业务，也需要招募司机），所以发广告内容中不敢提到Uber，只能说是"全球知名打车软件"，然后再跟找到我们的用户解释。当时公司并没有400电话，我就直接把自己的手机号码放上去了，从此开始了以后两年时间里每天接到200个陌生司机来电的噩梦，我甚至专门招了一个客服人员，就让她来接听打到我手机上的电话。由于58同城的帖子会被转到各个论坛上，而那些地方的帖子我根本改不了也删不了，所以后来即使我尝试删除了所有在58上的广告及登在上面的我的电话号码，也无济于事地已经传开了。直到两年后的今天，这个手机还是能接到全国各地司机的电话。有的时候我无聊了，就还和他们聊几句。记得有一次，我几个月没有回国，刚回国开机之后就接到一个司机的电话，对方说："我找了你一个月了，你终于肯接电话了！" 在这些电话里面我聊过了全国各地的司机，知道了他们的老家、工作和生活状况，听遍了全国各地的方言中对"优步"的不同发音（四川话是最有意思的）。

人民优步的第一场培训定于2014年7月29日举行，那是一个星期二，为了这场培训，我从周末就开始准备，先从58同城网站上找了大概100个对我发布的广告表示感兴趣的司机，再从中筛选了55个看上去比较靠谱的人，然后开始用登在广告上的个人手机号给他们挨个打电话，请他们参加周二的司机培训。打电话的过程算不上特别顺利，只有大概三分之二的电话可以接通，很多外地的手机号看到电话号码来自北京直接就不接了。那些接通的人，有的是不知所云的懵懂状态，需要花很长时间向他们解释我们具体是做什么的。另外一些人就态度更差，没好气地吆喝两句，甚至爆粗口，并不肯听我说下去，就直接挂电话了。这个情景让我想起了以前经常接到的那些卖保险的推销员打来的骚扰电话——或许在那些司机眼中，我也是类似的人吧。想起这点实在是让我感到有点崩溃，想我也是美国名校留学，以前还有一些不错的经历，加入了所谓全球估值最高的创业公司，结果居然在做这样的事情……打了大概30个电话以后，手机已经发烫了，更要命的是耳朵开始疼，不管换到左耳还是右耳都不管用。

不论如何，最后我总算是打完了50多个电话，有20余人号称能来。到了培训的前一天晚上和当天早上，我不放心，又打电话敦促了好几遍。终于到了当天下午培训要开始的时候了，整个Uber北京的所有团队成员——三个全职员工再加上一个实习生，拿着所有的事先准备好的培训材料、计算机、给司机用的手机及培训内容的小册子，赶往培训场地。这个培训场地是一个画廊，选址原因是我们的运营经理曾经在这里学画画，于是便联系了自己的老师在这里进行一场司机培训，地方看起来很不错。在此之前，我们并没有做大型培训的经验，最大的培训规模也就是租赁公司带来的10人次左右的司机。

培训定于晚6点开始，我们提前约一个小时到达培训现场，随后便开始忐忑不安。这是Uber在中国使用私家车主模式的第一次尝试，到底有没有吸引力，用户能不能买账，一切都是未知的，似乎整个公司在中国的命运，都以这里为开端。大概5点45分左右，第一个司机来到了培训现场，看着他进入房间，我的心情十分复杂，一方面觉得好在终于还是有人来，另一方面则不知道这代表着什么。随后我开始零星接到司机打来的寻找培训地址的电话，最终，到6点培训开始，这第一场培训一共来了12个人。

培训进行得不温不火，运营经理给司机们讲解Uber的业务模式、软件使用指南等，再加上答疑，两个小时便结束了。培训结束后我们去吃烤串，吃的时候都默不作声。我们共同的感受是，这个样子实在太难搞了。运营经理算了算账，觉得如果我们都像今天这样一天只能培训12个人，那要想跟滴滴竞争简直就是痴人说梦。挫败感最强的人是我，为了这场培训，我在网上发布了两个星期的广告，找到了100个司机，用手机一个接一个地打了50多个电话，最后居然就来了12个人，而这12个人当中不知道有多少才能成为司机，说不定也就五六个吧。这样下来也就是5%左右的转化率，这还有戏吗？岂不是要累死！我至今仍记得，当天我的心情基本上是绝望的，并且对我们的前景产生了深深的怀疑，这东西到底能不能做起来？把我们的业务增长所需的注册量和今天的惨淡场景联系起来，实在是想不出有什么办法能让我们走出泥潭。

好在天无绝人之路。我回家后细细思考，想起培训当天跟司机聊天的时候了解到，似乎他们有自己的社会组织。当时，很多兼职司机都会找些机会拉拉活，而其中一些人脉比较广、消息比较灵通的人，就会以微信群或者QQ群的方式来组织这些司机们，给大家找些会展、机场接送之类的活干，自己从中间得到一些利益分成，用行话来说这种人叫做"车头"。在我们当天的培训之中，就有一两个车头，彼时专车虽然还没有兴起，但是其中有一些人已经和易到合作过，从我们的介绍中，他们似乎看出Uber是一个比易到更有决心和资源的企业，于是就向我打听能否带司机过来然后赚份子钱。我当然是求之不得，很快和对方谈好了分成的方法：对方每带过来一个司机参加培训并上线，就获得50元钱。由此我准备转变策略，不再自己像保险推销员一样挨个打电话，而是利用这些人来带来新的司机源。

就这样，形势发生了极其快速的变化。最开始我显然低估了车头们的人脉，要知道每个车头都起码认识三五十个司机，所以以我们当时培训的体量，每场培训只要找一个车头就搞定了。当周我们又做了两场培训，第二场培训的时候，我一个电话也没打，就找了一个车头，来的司机数量已经增加到30余人，场地有些吃不消了。而且这样一场培训又会进来新的车头，他们又来找我说自己也能带来新的司机。就这样，距离周二仅仅过去三天以后，周五进行的第三场培训一下子来了100多个司机，培训场地瞬间爆掉了。别忘了此时我们的整个团队，从总经理到实习生一共只有4个人。由于培训场地最多只能坐40人，大量的司机排队堵在门外。司机的教育程度和素质参差不齐，所以当大量司机在楼下等电梯时，电梯就拥挤不堪并且一地烟头，等他们上来之后，同样的情况又出现在厕所里。在这种情况下，楼里其他的公司受不了了，纷纷向物业去告状。于是物业来找我们，我们只好让一位同事带着30个司机到楼下的广场里去培训。于是，我在楼下的广场拍摄到了这个珍贵的瞬间，同事站在广场上，一手拿着笔记本计算机，一手拿着喇叭在向司机宣讲（见图4-3）。这场面似乎跟传销人员也没什么两样了。

图4-3　2014年8月，Uber北京运营经理在广场上培训司机

　　终于，在无比的混乱中，人民优步的第一个星期结束了。周五的培训结束以后，我们甚至没有力气打扫培训场地就回了家。第二天再来收拾东西的时候，发现这里简直像被抢劫过一样。每一个抽屉都被打开翻过，地上散落着各种各样的报名表、烟头、充电线。在这种混乱的背景下，Uber北京创造了一个小小的记录——我们一个星期激活了200名新司机，不仅完全超过了当时中国乃至亚洲的增长纪录（此前的记录是一个星期30名司机左右），甚至一下冲上了全球城市增长榜的前三，和纽约、旧金山这些已经运营多年的"老牌名城"并驾齐驱。第一天培训后大家那种失落的情绪也不见了，取而代之的是一种被无数的司机培训折磨得掏空身体的感觉，和对于未来可能的巨大增长前景的期待。

　　从这以后，我们每天开会迭代培训流程，换更大的场地，招募更多的

人员，当然很多是实习生（见图4-4）。通过采用更高效的技术手段，增长很快走上正轨，并且连续三周占据Uber全球城市增长榜单第一名。

图4-4　北京司机大规模培训现场

这个时候又一个问题来了：在2014年年底前，Uber的司机端应用是无法自己下载的，所以我们每培训一个司机，就需要给司机一部手机用。在人民优步开始之前，由于每周仅几十名新司机，所以问题不大，用公司的卡买了手机就好了。但在有了人民优步以后，每周几百人次的增长，我们的手机量就远远不够了。

由于公司的报销远在阿姆斯特丹，用公司的采购流程去买手机根本就来不及，这时，我们的团队成员再显神通。由于运营经理曾经在银行的信用卡部门工作过，有一张40万元人民币额度的信用卡，他就用这张信用卡一次给公司买1000部手机，一箱箱地运至公司。财务部门则负责给他还信用卡账单，一旦财务部门慢了，他就发信给我们的亚太区负责人，让其亲自去找财务催报销，这样他就能及时还账了。我们开玩笑说，这简直就是在给公司做小额融资。

手机运到公司以后，不能不加处理就直接给司机，否则就真成送手机了。我们需要用一款叫meraki的软件把手机刷一遍，让手机上只有Uber一个程序可以使用。于是，我们的办公室就完全变成了中关村手机卖场，成百上千的手机插上一堆堆的数据线（图4-5）。Uber招募的运营经理们都出自投行、咨询等高大上的行业，等来到创业公司发现自己居然成了中关村刷机小哥，也大呼这是怎样的一种新奇感受。

图4-5　Uber北京办公室一团团的手机线

事实上，最开始的那几天，我们是拿送手机作为吸引司机加入的手段。不过做了几次培训之后，发现上线司机的数量并没有参加培训的司机多，便开始怀疑司机是不是骗手机用。果不其然，有人发现居然有中关村的手机小贩就站在我们培训地方的门口，我们给司机一部手机，司机到门口就1000元钱卖给小贩，于是我们傻眼了。

从此以后我们开始对每部手机收押金，接着新问题来了，怎么负责这些现金的存放呢？我们还真就买了一个保险柜加一台验钞机。每次司机培训，由总经理亲自充当出纳，收取司机的押金，数好了放进保险柜。一家

全球科技公司居然到了要自己买保险柜放钱的程度，本身就很匪夷所思。更难忘的是，由于财务部门位于荷兰，发钱太慢，平时公司的日常开销及报销根本就跟不上。在这种情况下，我们只好用保险柜里的现金去维持公司的日常运转，包括给实习生发工资、交办公室房租、打印培训材料。到这个地步，我们戏称，Uber北京已经完全蜕变成卖手机的公司。什么时候保险柜里的钱没有了，就办一场培训，招募100个司机，收上来的押金就又够我们支撑几个星期了。

说起来，公司流程做成这样，财务部门难辞其咎，但事情并不是那么简单的。公司的业务飞速发展，一两个星期就翻一番，不管原来的流程多好，也跟不上这种发展速度。我们总不能就此让业务停摆，因此就要发挥自己的创造力迅速解决问题，让公司业务继续运转下去。Uber的两条最关键的核心价值观，就是在这种城市团队的浴血奋战中提炼而成。第一条叫做"Be an owner, not a renter"，意思是每个人要把自己当成公司的主人，因此遇到什么问题不会束手无策或者等总部决定，而会撸起袖子自己解决；第二条叫做"Always be hustling"，指的是在时间紧缺、资源有限的情况下，百折不挠，发挥创造力，该买保险箱就买保险箱。我们在北京所做的事情可以说是价值观的教科书般的例子。就在无数这样的城市小团队的热血奋斗中，Uber才能获得如此快的发展。

4.4 润物无声

Uber中国的第一批团队，就是在这样人手严重匮乏、没有足够的总部支援、流程完全不存在的情况下，靠着一个城市三个人的团队做出了飞速增长的业务。时至今日，这段经历依然是我在Uber的所有经历中让我印象最深的，现在看起来，这些运营的土办法简直就是把生活过成了段子，让我在回国之后用最快的时间彻底地"接上了地气"。同时，通过接触成千上万的司机，我了解了无数普通人的生活，也为我们所创造的服务能给人们日常的点点滴滴带来一丝便利感到十分骄傲。这其中有几个小的细节故事是让我一直难忘的。

刚开始去跟车头打交道找司机那段时间，需要经常去找车头聊天。毕竟"车船店脚牙"，这些人都有些"江湖气"，所以每次他们都会给我递烟。我一般都推说自己不抽烟，他们见我是个国外回来的小孩，也就不多追究，而我会把香烟放进衣服口袋里。每天晚上回家的时候，许多根香烟都会碎在口袋里面，我就每天带回一袋碎烟叶。其实在此之前，我从未和这些人这么频繁地打过交道，这种日子一直持续了几个月。

有次做完司机培训，我就顺道坐一个司机的车回家了。路上听到他接到电话，似乎是儿子问他要不要回家吃饭，想去必胜客。我听他说道，"你和你妈先吃，爸爸今天注册了优步，以后就可以挣钱让你们吃必胜客了"。我虽然已经见过了无数司机，但听到这番话还是忍不住有些激动，这就是自己的工作带给一个普通人生活的真实改变。

还有就是我去美国读大学以前住在北京通州，我家离地铁站大概有10分钟的脚程。上课早出晚归，夏天还好，冬天就非常冷。这段路桯没有公交车，爸妈不会经常接送，出租车也不愿意去，成了我对北京交通的惨痛回忆之一。人民优步开启以后大概一个月时，我偶尔又经过通州，就打开Uber App看了一下，发现那个地方已经布满了Uber车辆。

还有一个更好玩的现象，就是由于Uber的车主来自各个不同的行业，

所以出现了很多与共享经济精神倡导的一致的对于Uber的妙用。比如说有创业公司老板注册当司机，到科技园区去深夜拉活接工程师回家顺便招人的，还有房地产老板当司机一边开车一边卖房子的。从2014年下半年到2015年上半年（截至股灾爆发之前），也适逢所谓O2O创业热潮的最高峰。全国涌现出了上千家上门服务的创业公司。由于Uber可以说是O2O服务的鼻祖，因此Uber的运营方法应用到了此类创业公司上。这就造成了那段时间的大众媒体上，"Uber模式"瞬间就热了，好像突然之间不管什么公司都在想自己怎么像Uber一样做运营。

Uber中国就是以这样的以前所有外企从未想到过、也不可能做到的方式，开始了高速的增长和扩张。从我们在北京发布人民优步的两个月内，类似的运营模式推广到中国的第二批城市当中。如果说在北京、上海这样的大城市，消费力比较强，人民优步这样的中低端产品还不是必须的话，到了成都、武汉这样的二三线城市，人民优步简直成了唯一的增长引擎。人民优步的存在使Uber在中国真正成为一个主流应用，乃至和滴滴快的一较高下成为了可能。

05

中国式刷单大战

刷单公司不仅有刷单成员，还有研发人员和工程师，水平还相当高。所以说，中国刷单行业是由风险投资驱动的、高端技术人才主导的、规模化快速迭代作业的暴利行业。

"刷单"，意思就是通过制造不存在的订单来骗取金钱的违法诈骗行为。刷单从电子商务诞生的第一天起就已经存在了。不过，在手机打车软件的热潮中，刷单行业在高增长和风险投资的催化下，发展到了前无古人，也很可能是后无来者的地步。我在Uber中国曾经负责反刷单的工作，这也是我在Uber中国最精彩独特的经历之一。这一章以我的亲身经历为例，讨论O2O创业公司发展过程中所遭遇的刷单现象，以及刷单和"反刷单"的斗智斗勇。

5.1　为什么会有刷单

"刷单"，意思就是通过制造不存在的订单来骗取金钱的违法诈骗行为。事实上，刷单行业存在的原因是所谓的O2O创业公司及往大了说近些年中国创业生态发展的必然结果。从某种角度上说，补贴是刷单之母，而风投则是刷单之父。一家互联网公司想要获得融资，就必须做出一个漂亮的增长曲线来告诉投资人自己的增长潜力。而想要让业务在短期之内获得这样的超快速乃至于不合理的增长，就必须使用补贴来"培育市场"（这是滴滴发明的术语）。当然，这是中国公司发明的游戏规则。在美国，Uber从一开始除了新用户注册优惠之外几乎从不使用补贴，因而也就没有出现我们所讲的大规模刷单的情况。

使用补贴是造成刷单现象的原罪。举个例子，如果在没有补贴的情况下，一个行程是10元钱，消费者付出这10元则Uber收到10元，如果在没有提成的情况下，Uber付给司机10元，如果有提成，那么大部分情况下Uber付给司机8元。不管怎样，司机及Uber收到的钱和乘客在这个交易中的付出的钱是对等的，因此就没有套利的空间。但是假设司机端或者乘客端有补贴的情况下，行程打七折时，乘客只需要付出7元司机就能得到10元，或者说司机端有倍数补贴（以1.2倍司机端补贴为例，那么这个行程本身是10块钱，但是司机可以得到12块钱，这是最普遍的补贴方法之一）。这种情况下，只要乘客和司机完成共谋，刷单团伙就能从这一单中套利3元或者2元，以此类推。

刷单行为很明显是骗取创业公司资金的违法诈骗行为，所以创业公司对刷单行为有着天生的痛恨。但是事情还没有这么简单，因为刷单同时也会在短时间内提高平台的交易量，而提高交易量又对创业者融资有好处，因此有的创业者就对刷单行为采取睁一只眼闭一只眼的态度，更有甚者甚至纵容或者自身参与刷单的，也屡见不鲜。看起来，这种创业公司似乎把投资人骗了，但是投资人真的就不知道这些事情吗？恐怕也未必。最终所有的事情其实都是整个宏观游戏的一部分。

所以说，刷单是一个很普遍的行业现象，所有的O2O创业者都经历过刷单的情况。就算不是自己成心想刷单，在高速成长期，人手不够用的时候，一定也会出现刷单现象。在高增长、资金充裕的时候，刷单量多一些，低增长的时候，刷单量低一些。想要彻底根除刷单，就好像想要让世界上完全没有腐败一样，是不可能的。从这个道理上说，恐怕没有什么公司能够完全说自己一点刷单现象也没有。

我们通过总结长期经验得出结论：如果刷单的司机在总数的5%或者1%以下，那么这些刷单司机和乘客只是进行共谋，他们的目的是骗取钱财，但是还不至于对整体上的用户体验造成坏的影响。但是一旦这个数量超过了5%，如果假司机的数量接近甚至超过真司机，那用户就会遇到非常差的体验。在这种情况下，司机已经不用和假乘客合谋骗钱，而是可以直接去刷真乘客的钱。

我曾经经历过一些刷单非常严重的时期。首先，刷单司机会人为制造溢价。Uber软件的溢价原理是按照当时的用户数和司机数的比例决定的，用户数量比司机数量多得越多，溢价就越严重。如果同一时间许多用户打开了App，但是车辆不够多，软件就会溢价。刷单司机会准备好几千部手机在同一时间同时上线准备叫车，这样就会瞬间形成溢价，我看到最多的溢价有平峰价格的4~5倍之多。此时只要乘客一叫车，就会被一个假司机接单。假司机很好辨认，一般都没有真实的头像，而是使用一些从类似于陌陌的社交软件上找来的嫩模照片。假司机会选择快速开始行程，然后迅速结束行程，在用户反应过来之前就完成操作。即使只能刷一个最低费用，但因为有溢价，也能赚很多。比如说基础费用是10元钱，但是5倍溢价，就会刷走50元钱。我曾经在刷单形势最严峻的时候打车上班，连续遇到3个刷单司机，10分钟之内瞬间刷走了100元钱，这对产品的信誉和体验是灾难性的。很多用户，不管对Uber平台多忠诚，只要经历这样的事件，就会抛弃平台，"由粉转黑"。

在这个时候，整个系统就会坏死，直到完全不能使用。这个时候封杀刷单司机已经没用了，因为到了刷单极其严重的时候，好好干活的司机也会被影响，觉得与其辛苦拉活，不如从事刷单。所以即使是真司机，也会做几单真的几单假的，混杂在一起，难以辨别。在这种情况下，就已经没有办法说谁是刷单司机，因为已经变成了所有人都刷单，这个时候只能进行一场彻底的清洗"革命"，把所有的司机都"关掉"，从头开始。因此反刷单是影响平台的健康程度的极其重要的一环。

5.2　刷单的基本原理

互联网刷单欺诈行为不是打车软件发明的，很多电商产品一直也流传着"刷好评"的做法。但是大量司机补贴的存在，使得打车软件的刷单行为，不管是实际的刷单技术的发展程度，还是在规模化甚至产业化的复杂程度上，都发展到了登峰造极的地步。

由于在手机软件的系统下，我们是以司机的手机GPS位置来判断一个司机的位置的，因此乘客看到的不是司机实际的位置，而是司机所持有的手机的位置。那么问题来了。如果司机事实上并不在车里面，而是拿着手机在其他地方呢？这样的话，就存在了利用司机的手机模拟司机的实际位置，同时操纵大量订单的可能性。

刷单的方法从最简单到最高级一共有几个阶段。

初级：司机在开车过程中采用多部手机来做单。这种刷单是相对来

说最简单的。在这种情况下，司机依然在开车，因此存在物理上的移动，也存在交易行为。只不过由于乘客付的价钱和司机得到的价钱之间存在差距，因此只要双方能够共谋，做成之后，就可以平分赃款所得。

在这种情况下，司机依然在开车。由于在打车软件交易中，一部乘客的手机就代表一个乘客，一部司机的手机就代表一个司机，因此会出现司机在车里放20部乘客的手机、20部司机的手机，然后开始行程的情况。

这种是相对比较好破解的。想侦查出来有两种方法。第一种是肉眼来找，这种方法听起来有些可笑，但其实在很多情况下是非常适用的。在Uber的后台系统中，如果发现一大堆车凑在一起的情况，特别是如果发现许多辆车在向同一方向进行移动，基本上非常有可能是一个司机在使用多个账号进行刷单。第二种解决方法则是在系统中用程序来查找多个开始地点/时间、结束地点/时间，以及行程轨迹都一模一样的旅程。这些账号一般都会"同时+多次"进行刷单活动，因此可以一网打尽。

中级：不存在车辆，司机用其他交通工具来刷单。在此种情况下，司机已经没有车了。因此这样有两个更加方便之处：首先，没有了车辆的时候，刷单行为更加便宜而且可以规模化，毕竟线下的驾驶行为需要消耗一些基础的成本，比如说车辆需要耗油，而且最重要的是需要有车，而在这个行业中，从事刷单的人员的数量总是要远远地大过实际上有车并可以进行正常业务的司机。

用此种方法刷单的司机会用各种千奇百怪的方法来制造自己的运动。骑自行车的都还是属于比较负责任的，有的人会选择用司机程序接单之后就开始逛公园，还有的人会直接去坐公交车和地铁。我之所以开始了解这种现象的存在，也是因为发现了有一些司机的行驶路线总是和北京10号线地铁线路惊人的吻合，而且每天所有的行程都是照着这条线路过来又过去……

高级：足不出户，直接用手机模拟GPS。这是刷单行为技术化、规模化，乃至真正产业化的发展阶段了。在这个阶段，"司机"已经足不出户就可以完成刷单。这是因为有人研发出了一种特殊的手机，这种手机的GPS位置可以自动模拟改变，他们甚至写了程序可以自定义执行整个过程。在程序当中，你可以设定自己的GPS位置开始在哪里，结束在哪里，中间以什么轨迹和什么速度运动，甚至可以设定在路口的潜在红灯停下来，以显得更逼真。在设计好这个轨迹之后，如果你开始运动，就会看到自己的GPS定位也随之移动（由于这一点，如果Uber司机打开自己的司机端应用，就会在一路上遇到来自真实乘客的叫单，但其实根本就没有车，只是手机的GPS位置在移动）。

Uber总部的工程师发现中国居然有这种神奇的技术后，对中国公司的刷单技术表示极其赞叹。我们还寄了多部经过这种特殊处理的手机到总部让他们破解（网上可以买到，8000元一部）。当时，总部的解决方案是跟踪此类手机的IMEI码（每个手机都有一个独立的设备编号）并封禁，然而很快中国的刷单者又想出了能够改变IMEI码的技术方法。这让我们很快就得出结论：刷单行为的背后绝不只是想占小便宜的司机这么简单，乌合之众是无法如此快速有效地进行反侦察的。刷单公司不仅有刷单成员，还有研发人员和工程师，水平还相当高（见图5-1）。所以说，中国刷单行业是由风险投资驱动的，高端技术人才主导的，规模化快速迭代作业的暴利行业。

(a)

(b)

图5-1　刷单工厂内部景象

5.3　与刷单司机战斗

　　当然，刷单产业的核心是这些技术人员，但大规模从业者则是社会上的无业人员，很多时候就是地痞流氓。在早期Uber的运营更加线下的时候，我们接触了大量这些人员，很多时候和他们打交道到了"贴身搏斗"的地步。这是我在Uber中国的岁月里最接地气、最难忘的经历之一。

2015年5月，Uber中国的各城市增长迎来了高峰期。一时间，所有的城市都出现了办公室被络绎不绝的司机挤爆的情况。司机的大量聚集也成了一个隐患，培训时不时就要暂停甚至遣散。

刷单司机利用了这一点。由于刷单被抓以后会扣除当周的司机付款，他们收不到钱，就会来办公室闹事。从事刷单的司机，本来大多也是社会上的闲散无业人员，在这个时候就更有恃无恐。他们会在办公室搞破坏、堵门、赖着不走，或者干脆用贼喊捉贼的方法来举报Uber。因为这一点，Uber的各城市团队都向保安公司聘请了人员来维护办公室的安全和秩序。但如果一大群刷单司机前来，则一个单枪匹马的保安也无济于事。

我们的反刷单封禁于每周日进行，每次如果抓到的刷单司机比较多，我们就会做好第二天有大量司机造访围堵办公室的心理准备。这个时候只好全体人员彻底不来办公室。有的时候刷单司机看见没人在就会放弃，有的时候是气急败坏又砸门又扔一地烟头之后扬长而去，但最狡猾的是一些人会悄悄躲在旁边，当我们觉得可以解除戒备进入办公室之后，他们会突然从 旁冲出来，又开始赖着不走。有一次，冲进门的刷单司机甚至坐在会议室里，大摇大摆地吃办公室里面的东西，打扰大家的工作。到这个程度，完全就是流氓无赖。

一般来说，司机的诉求就是不付钱就不走，但我们知道他们是刷单司机，所以也不可能给他们付钱，双方就这样僵持下去，直到最后熬到半夜，所有人都又累又饿，才会发生一点软化，互相妥协一下。有时我们会给他们打开封禁的账号，不付钱但是告诫他们下不为例，另外就是付清这次的钱，但以后请永远离开Uber平台，这还算是相对好的。2015年7月，由于刷单行为被Uber抓住而没有付钱，一群刷单司机在Uber杭州办公室聚集，办公人员的场所整个"围攻"的时间长达10个小时。此事之后，Uber杭州的办公室彻底转入了"地下"状态。从前对外开放的司机接待中心及写字楼里的办公室都关闭了，办公室转入了一位员工的家中，要进入这个办公室，首先要通过小区门口的保安，之后要通过地下停车场进入一栋公寓楼的后门，最后到达公寓外的时候，还有一个约定好的敲门暗号，才能进入公寓当中。在这个住宅改装的办公室里，员工和实习生拥挤地坐在一起。这个场景不说是一家地下传销组织，也很像是"野鸡公司"了。

在这种情况下，实体培训点的司机培训已经无法进行。Uber团队做出决定，停止在实体培训点培训司机的行为，一切司机的注册和激活流程统一转移到网上。这是一项很重大的工作，这项工作交给了我，因此也开始了我接下来达半年时间的惊心动魄的旅程。

5.4 江湖密语

当时，在我们设计的司机注册流程当中。一个司机要进入Uber的系统，需要先在相应的网站上注册，同时上传自己的驾照、车辆行驶证和车辆保险单。在这三个证件被审核通过之后，司机会获得一个激活了的账号，这样就可以去进行Uber行程了。我来负责这项工作，所以全国遍布几十个城市的所有司机账号都由我的团队来进行审核。不过在执行的过程中，我们经常发现有一些司机账号明明不是我们进行审查的，或者说没有通过审查，但是也被激活了。这说明系统有内鬼存在，恐怕事情比我们想象得还要复杂。司机账号的激活是反刷单行动的第一步，如果在入口处不能堵住，那等着司机已经进入系统再进行追查的难度就会大大增加。为了彻底了解这个系统，我决定和同事进入刷单司机的群体内部进行调查，结果让人瞠目结舌。

刷单作业的团队有两个表现形式，第一个是虚拟的，也就是形形色色的微信群和QQ群，第二则是现实中存在的真实的刷单小作坊。想要进入刷单的微信群并不难，只需要多和一些司机及租赁公司的合作伙伴聊一聊，就能进入一些微信群。这些微信群和QQ群一般都有着十分隐晦的名字，比如说下图显示的这个"欢乐天地"（见图5-2）。群里一般有几位"管理员"，即刷单团体的成员，其余的就是"工作人员"，即刷单群体在各种网站上发帖招募的工作者。我们从中得知，刷单团体甚至还要搞培训，而且学费不菲（培训费1888元）。教学内容就是让所谓的学员中的一些人扮演乘客，另外一些人扮演司机，两方合作来完成一个假行程。由于司机端有补贴，乘客端又有折扣，因此每一个假单之中都存在套利的空间，比如"每单净利润5元"。广告里面还标注了其针对的群体是"想提高收入的待业人员"，由此也可见从事刷单行业的人员出处。

刷单群体在这一系列运作的过程中，发展出一整套咒语一样的术语，外人根本看不懂，从而也为他们提升了安全性。刚刚激活的新的司机账号叫做"白号"（我的团队就是负责调查新激活的司机账号的来源），由于作案太多的账号容易被发现，因此司机端和乘客端都需要不断制作新的账

号。司机端的来源是白号，乘客端的来源则是刷单群体不断注册的新账号，因为乘客端的新账号要容易注册一些。这些账号制作完了之后，就会卖给用来操作的人员。

(a)   (b)   (c)

图5-2 刷单群体的微信截图

做假单需要使用乘客账户的人和使用司机账户的人商量好一个地点，这样乘客叫单才能被司机收到。司机端切换GPS地点需要虚拟机程序，而乘客端切换GPS地点则需要在叫车应用当中用指针指向一个特定上车地点，这个术语被称为"打针"，因为动作类似于"找准地方扎一针"的感觉。在业务开始之后，运营者会不断地在朋友圈更新信息，同时也是在发广告。由于Uber的反刷单团队同时也在研发能够破解这些行为的方法，因此这些账号经常会被发现。每隔一段时间，Uber程序更新之后，刷单团队的方法就不能再用了，这个时候只好告诉刷单参与者，Uber更新了软件，业务暂停，并去研究新的刷单方法。不过刷单公司人才辈出，一般情况下过不了多久就又研究出了新的方法，于是这种猫鼠游戏就不断地进行下去，刷单和反刷单技术都越来越发达。

以上就是刷单产业链的一些构成情况。在这个生态系统中，有运营者、有打工者、有工程师，不过最重要的还是司机账号。因为司机账号是不能随便注册获得的，必须要经过Uber团队的审核，而且一旦被总部的反刷单团队抓到，就会永久封禁不能打开，所以司机账号成为了刷卡生态运行下去所需的最重要的硬通货。正因为如此，在屡禁不止的情况下，依然有司机账号打开，这其中就有一些猫腻了。事实上，有不少的司机，会利用各种各样的机会接近Uber的员工或者实习生，利益驱动就可以获得在系统内部激活的账号。当时我在北京办公室组织实习生进行工作的时候，就有心地淳朴的实习生告诉我，刚才去上厕所的时候被司机叫住，递给了他一根烟……

在了解以上内容后，我们开始对现有的系统操作进行了一些改动。首先，我们收回了所有基层员工激活司机的权限，一切的动作必须由高级城市经理来完成；其次，我们使用了打乱的排序，做审核的员工不会知道自己在审核哪一位司机，因此司机向实习生乃至Uber团队的工作人员行贿的动机就降低了，因为审核者并不知道如何才能在系统中找到这个司机的信息。这个动作有效地打击了一些内鬼行为，这个时候刷单司机如果想要账号被激活就只能买通更高级别的有权限的员工了，在这个改动推出之后，司机账号的价格一度飙升到了500元钱一个。

这个500元，相当于市场上普遍默认的黑市购买Uber账号的价格。这个价格随着刷单的难易程度波动，每当Uber推出了新的技术或者是抓

得比较严的时候，这个价格就会上升，因为会鲜有员工或实习生愿意冒被抓住的风险去给刷单司机开号，而一旦出现了什么技术漏洞导致获取假账号变得更容易的时候，这个价格就会下降。这个数字随着实际情况波动，简直就是经济学原理的完美证明。每次团队在内部通报反欺诈数据的时候，也会引用这个数字，我们都戏称这个数字是"刷单界的上证指数"，它滑稽地说明，在巨大且有利可图的行业中想根治刷单是多么困难的一件事情。

5.5　跨界图像行业

前文已经说过，技术的进步就是刷单和反刷单的不断竞争。只要每次产品更新，刷单群体就会想出更高级的方法，以此循环往复，直到合并的那一天依然如此。

我从2015年年中开始负责司机审核的流程。由于审核流程需要使用驾照、车辆行驶证和交强险的证件，刷单司机没法拿出这么多一一对应的真实证件，于是我的审核团队开始遭遇大量的PS证件。在一开始，经过PS的照片还是相对比较明显。如图5-3所示，用手机拍摄的真正的驾照和行驶证的照片应该带有自然照片的光线和色泽，相比之下，如图5-4所示的PS证件，上面的文字好像是凭空打印上去的一样。

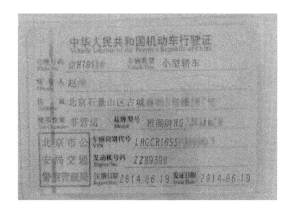

图5-3　真行驶证

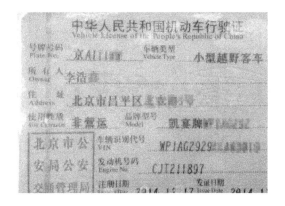

图5-4　经过PS的假行驶证

我们对团队进行了专门的培训来鉴别这种PS的情况。在随后的日子里，这种简单粗暴的"五毛钱PS"（业内的一句玩笑话，意思是做工低劣、容易被识破的PS）逐渐绝迹了，取而代之的是更多更复杂、更高级，乃至肉眼完全无法分辨的PS。这个时候我们发现了，PS处理也成了专车行业创造的产业之一。举个例子，如图5-5所示的这些淘宝店当中，店主拥有数百个PS图片的模板，他可以在一张图片模板中填上不同的字，产生数

百张驾照和行驶证文件。如果不是恰巧能见到由同一个图片模板产生的多张图片，则根本不可能分辨出这些图片是被PS的。几个月以后，人工审核基本上已经被破解了。PS的技术已经高超到真假难辨，从而让审核者自身的信心濒临崩溃。

图5-5　在淘宝网搜索"PS证件"可以看到大量相关店铺

在这一关被攻破之后，我们的人工审核流程已经无法持续，需要更多的产品技术手段才能将其破解，于是Uber总部的中国产品组开始上线名为"照妖镜"的产品。这个产品是把司机的登录网站与交管所的数据库相连接，司机在Uber网站做申请的时候，要求司机输入自己的驾照号和行驶证号，系统将会自动检测该号码的这个人和车辆是否存在，以及是否有过违反交规记录等。使用了这个产品以后，司机伪造证件图片就不再有意义，因为即使可以PS图片，却不能伪造在交管所的登记信息。

这个产品的逻辑看上去无懈可击，我们当时认为这下应该可以彻底根治刷单了，却不想这个产品又是刚上线两个星期就被刷单团队破解。原因是，交管所记录的确不能伪造，但是可以被购买……不管是汽车4S店还是车辆保险公司，都拥有成百万乃至上千万的车主资料。这些车主资料早就流传在相关的圈子里，被兜售给与此相关的产业，比如说电话客服营销。据说所有从事客服行业的人都拥有不少车主信息，数据量大到20块钱一张光盘，里面全是包含车主所有信息的excel表格。在我们的新产品让刷单团体无法随便PS图片以后，这些光盘就进入了他们的视野中。于是，全国各地成千上万的车主就莫名其妙地"被注册"成了Uber司机，Uber总部再一次为中国刷单行业的智慧感觉到无比震撼。

接下来，Uber祭出了自己的终极人工智能反刷单产品。Uber总部的工程师找到了从事人像识别的人工智能企业Face++。通过内嵌Face++，Uber团队研发出了审查司机真实身份的产品FaceID（中文名为"刷脸"）。在司机上线后，FaceID会将他们的头像和他们的身份证照片数据库进行对比（早先版本的产品对比的是司机的Uber账户头像，后来则更加智能地加入了活体检测功能，司机需要在手机摄像头的拍摄下做几个动作，来确定是司机本人在拍摄而不是有人盗取了他的身份证图片）。

这个产品可以说是反刷单行动的最后一招。刷单群体就算能够盗取车主信息，也绝无能力把车主本人请到刷单现场来登录验证。至此，大规模的刷单行动结束了，最终还是Uber依靠产品和技术的进步取得了阶段性胜利。

5.6 幽灵车事件

在Uber中国和滴滴合并后的一个月，刷单市场又沉渣泛起，这次的主角叫做"幽灵车"。乘客在叫车时候，虽然显示司机已经接单，司机却不

出现，随后快速结束行程计费（见图5-6）。叫做幽灵车是因为司机头像恐怖，这和我之前讲到的刷单现象其实很类似。

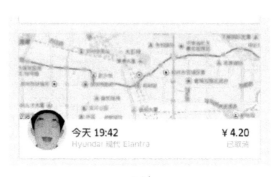

(a)

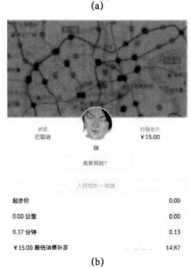

(b)

图5-6　幽灵车司机的账号截图

补贴是刷单的最大动机，其实这话也不完全对。合并之后，司机端和乘客端的补贴已经大为减少，因此刷单群体利用互相串通刷单已经没有足够的利益可图，所以开始出现了利用假行程来刷取用户的钱财的行为。

公平地讲，虽然说中国市场刷单的发展与补贴有关，但即使在同样没有补贴的情况下，其他国家也并未出现过幽灵车这样的事件。我在接触了这么多刷单现象后，一方面确实对国人的"聪明才智"感觉到惊叹，另一方面是为这么多有技术知识的人员却总是不断去从事毫无任何道德底线的欺诈行为而感到叹息。

在中国的近两年时间里，我和这个黑暗的地下行业有了充分地接触。通过亲身经历，我感到一切利用和玩弄规则的行为其实本质上与此类似。在态度上，由于此种行为对整个系统的损害，我们需要永远坚定地与其进行斗争；在技术上，双方则永远在进行魔高一尺、道高一丈的周旋。只是最后，我们还是一次又一次地被利用规则的创造力而震惊，相信不只是专车，在很多领域都是如此。类似的感受和讨论也自然不是我一个人有，很多人提出了国民劣根性的问题，也有很多人在从教育的角度进行反思。其根本原因，已经超出本书可以讨论的范围。我只能说，这些行为从某种角度上体现了中国社会的活力与复杂性，也的确证明了我们离一个诚信社会尚有距离。

06

给产品烙上中国印

　　每次看到来自欧美的同事对中国日新月异的互联网创新表现出震惊，一方面让我感到自豪，一方面也让我感叹弥合不同国家的人们之间的认知差异是多么困难的一件事情。似乎在他们眼中，中国还只是一个"拥有长城和兵马俑的文明古国"和"生产大量廉价商品的世界工厂"，他们无论如何不能把中国和"全球最先进的移动互联网市场"这一印象联系起来。

线下团队在Uber扩张的过程中起到了极其重要的作用。不过，Uber毕竟是一家总部在旧金山、在全世界拥有运营的软件公司，因此产品和技术的作用也是极其重要的。Uber总部和当地团队进行产品合作的方式，给许多公司提供了一个很好的蓝本。这章就主要介绍Uber的产品团队在中国的业务增长中扮演的重要作用。

6.1 早期产品：缺乏本地化

Uber的第一版应用是由外包完成的。所以，公司从一开始的情况就是负责运营的人员多、工程师少。在总部的工程师大概有一半负责Uber的用户端和司机端应用，另外一半负责其他的前后配套产品、内部工具等。公司绝大多数的工程师都位于旧金山总部，还有少数位于纽约、阿姆斯特丹等地。

2014年1月，我第一次来到Uber的旧金山总部。印象中当时全公司大概有100多名工程师。与很多硅谷公司有很多的中国工程师所不同，那个时候还见不到几个中国人。由于当时的中国业务还很小，工程师总数也不多，所以总部并没有任何人会给中国团队以特殊关照。在这个阶段，对中国产品的本地化工作做的并不是很多，基本上只限于应用和网站的翻译。产品的使用出了问题，我们则需要在网上向大洋彼岸的工程师求救。当时我们就已经发现了中国产品面临的几个棘手挑战。

- 中国的网络环境和其他国家有很大差别。防火墙的存在会带来很多特殊的反应，我们经常在中国发现产品有一个地方异常，但是在总部的工程师却再现不出来，最终发现这个问题是由于防火墙。另外，由于Uber的应用涉及很多其他公司的服务，比如说安卓应用采用Google地图、支付上使用PayPal、用Facebook登陆等，这些在中国就基本上都用不上了。

- 时差问题。不要小看这件事，其实时差是影响跨国公司协作效率的一个很重要的因素。到现在为止，通信技术这么发达，有很多的通话方式可以让世界各地的人们畅通无阻地交流，但还没有一种方法可以真正解决时差问题。就以硅谷和中国的时差来说，中国比硅谷早15个小时，硅谷从早上8点到晚上6点的正常工作时间中国都是无法响应的，中国的工作时间的早上对于硅谷相对好一些。这代表着，如果双方要进行沟通协作，那每天只有大概两三个小时的窗口是完全合适的，并且，为了这两三个小时的窗口，在硅谷的员工要付出晚下班和熬夜的代价，基本上晚上出去吃饭什么的就不要考虑了。更进一步的是，时差会拖慢双方的沟通效率，尤其是在发邮件的情况下。处在一个时区内的人，不管是打电话、发邮件，还是当面交流，都会快很多，主要是因为参与者有一种期待值（我们叫做Expectation），因为知道双方在一个时区之内，所以由于时差产生的延迟不会成为一个借口，而不在一个时区的时候就不一样了。很多时候，我在中国给总部发出一封邮件，之后只能先去睡觉，然后早上起来以后再等回复，在硅谷向中国发邮件也是一样的。而且很多时候接收信息的一方，其实已经收到了邮件，但是想到对方这个时候可能正在睡觉，拖一下大概也无所谓，节奏就会慢下来。在这些因素的影响下，一来一往，速度就慢了。很多时候，有的事情在一个时区工作，一天内可以解决，但如果靠远程发邮件解决的话就需要好几天甚至一个星期。

- 远程工作的效率影响。脱开时差的因素不说，远程工作本身也是一个现代技术并没有完全解决的问题。从技术上提出的解决方案无非是两种，第一种是公司内的聊天软件，第二种是视频电话。聊天软件很多时候依然不如直接说话方便，而视频电话的问题在于它创造了太多的会议。太多的会议恰恰是让工作变得效率更低、节奏更慢的主要原因之一。公司曾经提出过这样一个建议，那就是很多时候走到同事座位上几句话就可以解决的事情，就不用专门约一个会议来说。

这个时候，Uber在中国的产品还和Uber全球的产品基本上没有什么区别（见图6-1）。当时本地用户不够多，也和产品不够本地化有关系。

图6-1　Uber上海早期官方网站截图：网站上的价目表单位为美元

比如说，Uber的付款方式一开始只接受国际信用卡。再比如说，Uber的安卓应用使用的是Google地图，这就需要用户的手机翻墙，并且只有Google原生手机（如Nexus等）上才能使用安卓版Uber。而在中国几乎没有人使用原生安卓手机，都是用小米、华为等其他系统。这些因素都限制了能够使用Uber的人的数量，确实也只有外国人及海归顺利使用Uber的可能性还大一些。

6.2　国际增长团队：总部给开的小灶

说起总部产品团队对中国业务的帮助，不能不提Uber的"流量增长团队"（Growth Team）。Growth Team是最近几年在硅谷的高速增长的互联网公司专门出现的一个职能部门，这个团队往往是一个产品、工程、营销结合组成的混合体。它的目的不仅是为了打磨产品本身，而是通过各种方法，以数据为导向地寻求快速增长策略。这包括简化用户的注册流程从而让新用户可以更快地注册，通过后台流量监控找到最好的用户获取渠道并加大投入，或者改善用户推荐流程让产品传播得更有"病毒性"等。由于互联网公司的生命线就在于要保持快速的增长，因此Growth Team的存在是极其重要的。自然，对于盘子更大一些、拥有国际扩张野心的公司来说，就还需要专门面对国外地区的产品团队来处理产品本地化的增长需求，这样的团队一般就叫做International Growth（国际增长）。

Uber就有一支这样的增长团队，并且团队负责人是硅谷最负盛名的病毒营销大神之一。2013年9月，Uber在完成C轮融资以后，从Facebook聘请到了国际增长团队负责人Ed Baker。Ed本科毕业于哈佛大学，在校期间就曾创建了风靡全校的约会网站（要说起这点，他还是扎克伯格的师兄加前辈），随后他在斯坦福商学院期间再次创建了社交网站friendly，被Facebook收购并担任Facebook的全球增长团队负责人。

我记得我刚刚在公司入职培训之后就听过他的演讲。当时Uber在美国已经展现出了一些市场领导者的地位，但是在全球其他大部分地区都还方兴未艾。当时有同事问他，说Uber现在既然已经做得比较大了，在旧金山这样的城市还有多少增长空间。他笑了笑，指着窗外说："我们真正的理想是让这外面街上的每一辆车都是Uber，如果你以这个为参考系的话，那我们还有很长的路要走……"这个回答让我十分震撼，并且这不是说大话。Uber从2010年开启以来，2011年增长最快，2012—2013年随着公司逐渐变大增长有所减缓，此时Ed加盟领导增长团队，此后，Uber虽然持续变大，但居然违反自然常理——增长速度又变快了。Uber能在2014年年底获得400亿美元的估值，这种增长速度功不可没。

2014年年中，Uber产品团队的一些成员第一次访问了中国。对于很多人来说，这是他们第一次接触中国的创业生态。他们体验了滴滴出行和快的打车的产品，也体验了微信和支付宝移动支付的便利。中国完全不同的商业环境，和人民优步在北京的快速增长（当时正值北京开启人民优步），给他们带来了巨大的震撼。此行之后，Uber的多位高管都兴奋地表示，Uber中国将会是公司历史上最大的机会，中国将会是Uber潜力最大的市场。

为了配合运营团队的工作，总部一定要有产品支持。因此Uber的国际增长团队正式成立了，当时总共也就几个工程师而已，这个团队主要负责两个潜力巨大但是又需要充分本地化的市场。自然，这两个市场就是中国和印度。

6.3　第一个本地化产品：实现司机微信注册

2014年8月，正是人民优步刚启动之后的增长爆发期。北京三个人的小团队，再加上四五名实习生，日复一日地进行着几百人的大型培训。当时所有的司机来到培训场所之后需要先听课，听完课之后排着队，到我们和实习生面前一个接一个地注册账号，注册账号用的是公司的官方网页，当时还需要VPN才能登上，而且培训场地的人太多，一般来说网络也不好，还需要我们打开自己的手机提供热点。培训现场人非常多，秩序混乱，司机的脾气也不太好，经常会插队，使得现场更加嘈杂。一旦遇到哪天网不好了，整个队伍就会阻断，这个时候就会有司机等待不及开始抱怨，甚至会因为抢位置而打起来。整个培训流程基本上就是一场灾难，用英文讲叫"狗屎秀"（shitshow）。

由于这个原因，组织现场培训是我们所有人当时最痛恨的工作。每次看见一大群司机在自己面前像黑压压的乌云一样的混乱状态，我就有一种绝望的感觉，不知道自己为什么要来做这样的事情。由于手动的流程太多，当时很多人都产生过一些挫败感，不知道这样的情况还要持续多久。记得当时我叫了一个同学来Uber北京实习，暑假结束，她要回学校了，我竟然惆怅起来，觉得"你这是回学校了，但我在这儿做司机注册还要搞多久呢"。可以说，业务的快速增长加上产品的落后和流程的杂乱无章，使得整个团队都处在一种压力很大、接近崩溃的状态之中。

此时正好有一个总部的工程师在中国，就去观摩了我们的一场司机培训，并被彻底震撼了。对他来说，总部的同事们坐在旧金山宽敞明亮的办公室里面，看着公司的业绩数字不断上涨、不断飙红，心里感觉不错。对他们来说，公司的增长就是报表上那一串串漂亮的数字，而无法把那些数字和眼前这些混乱难堪的场景结合起来。但事实上，Uber就是这样被塑造的，成百上千的团队成员再加上实习生们的努力，在热火朝天甚至有些杂乱无章的状态中，在产品进步不够快的情况下推动着公司的前进。

这位工程师看到了我们的培训场景之后，产生了用产品和技术帮助我们提高工作效率的强烈愿望。他回家研究了几天，做出了一个小工具的原型。这个工具借用了Uber的微信公众账号，只要司机关注了Uber的公众账号，就可以通过和这个公众账号进行聊天的方式，自动在Uber官网上注册账号。这个公众号会问司机一系列问题，比如说司机的姓名、电话号码、邮箱、车辆年限等，司机的回答则会被回传给Uber后台（见图6-2）。这个工具帮我们极大地加快了司机的注册速度，从此以后，我们只需在培训开始的时候让司机扫码关注Uber的微信公众号，让他们自己进行注册即可，不需要再排队手工注册（见图6-3）。

这个产品可以说是Uber总部团队针对中国运营情况，结合中国最流行的微信产品，进行的第一次本地化创新。它在总部和其他国家引起了广泛关注。总部第一次发现原来我们可以和微信这样的中国"杀手级应用"整合做出本地化的产品，其他国家则因为这个想法而大受启发，从而开始思考类似的本地化产品整合策略。

后来我们去参加了滴滴的司机培训，才知道滴滴居然和我们一开始一样，用全人工的方法注册司机，甚至是让司机在纸上填写表格。不过滴滴采用人海战术，所以招了很多的客服人员，用全手工的方法也可以搞定。Uber作为在中国的后来玩家，团队比较小且更加精英化。既然我们不可能和滴滴比拼人力，那么拥有更高效的运营工具就至关重要。

图6-2　Uber微信公众号注册司机流程

图6-3　Uber培训场所的二维码，司机扫码即可注册账号

6.4 携手百度：中国产品团队正式成立

2014年年底，Uber正式和百度达成了战略投资协议。这个事件不仅让Uber在中国拥有了本地化的地图提供商，也终于让Uber收获了一个一流中国科技企业作为自己的合作伙伴。随着和百度的合作逐渐展开，出现了一系列的产品本地化需求。因此由国际增长团队里面的几个中国工程师带头，正式形成了一个专门负责中国市场的团队，这个团队叫做"中国增长"（China Growth）。

2015年是Uber在中国开始大规模爆发式增长的黄金时代，也是中国产品组的黄金时代，在这一年间，中国产品组获得了极大的增长。在美国旧金山湾区各个公司工作的华人工程师们，受到这样的感召来到Uber团队，为Uber中国的增长奋斗。综合看起来，Uber中国组的工作机会有这样几个吸引人之处。

- Uber是硅谷公司为数不多的在中国有所动作的公司。而说到真正在中国市场占有了一席之地，并成为了一个主要玩家，这可以说是绝无仅有的。硅谷的几家一流大公司Google、Facebook、Twitter等都有不少中国人，但是这些公司都毫无例外地不在中国运营。有些新一代的公司在中国有服务的，比如Tesla、Airbnb，还有Evernote等，但是规模都小很多，增长也不够快。真的在中国做到成为一个主流应用的，Uber是第一家。在硅谷做中国的业务是不少硅谷中国人的理想的职业目标，而Uber基本上是满足这个目标的最理想的公司。

- 以创业公司的节奏战斗。Uber是一家创业公司，工作节奏比一般的公司已经快很多了。但是中国组就好像Uber内部的一家更小的创业公司一样。这是因为，Uber在全球大部分市场是占据稳定的主导地位，但是在中国的形势很不一样，Uber在中国是相对小的一个玩家，因此需要比Uber其他的团队更加快节奏地去拼搏，和滴滴展开竞争。

- 有回国出差的机会，这样既可以和家人见面，也可以更了解国内的情况。由于关注国内市场，因此中国组的团队成员都会有回国出差的机会。对于在美国多年的中国人来说，这其实是非常有吸引力的。在硅谷的中国人多少都有回国闯荡的想法和计划，很多人因此在工作的时候也想能够经常回国，为的就是要和国内的社会和商业环境保持沟通，而不要完全"美国化"。但是在别的公司工作没有回国的机会，就只能请假。在中国产品团队，由于需要和滴滴这样的本土冠军企业进行对抗，其实给了员工一个了解中国创业环境的非常好的窗口。

硅谷的中国人圈子非常紧密，许多人都出自类似的教育和工作背景。这是因为他们在国内大部分都出自清华、北大、复旦等名牌大学的理工科专业，到了美国之后也都在伯克利、哥伦比亚等名校读研究生，很多人本来就是同学，之后就业的方向也以旧金山湾区的各大科技公司为主。因此，基本上每个人都在各个公司认识一些朋友，大家会经常见面聚会，交流最新的行业动向和感悟等。很快，大家就都知道Uber成立了这样一个专攻中国市场的团队。可以想象，他们对此非常感兴趣。首先是Uber内部各个团队的人都争先恐后地想加入这个团队，其次是大家都纷纷推荐自己在各个公司的朋友前来面试。我们甚至在湾区最经常走的一条高速公路——101公路上买了一块广告牌，上面写着："做人民优步，为人民服务。"因为湾区许多的工程师在上下班路上都走这条路，因此更加提高了曝光度。

可以毫不夸张地说，Uber中国产品团队是华人在硅谷公司中的一面旗帜。硅谷的中国工程师很多，基本上在所有大小公司都能见到华人的身影，但是像这样能给大家动力又非常有话语权、在公司还有重要战略意义的团队其实非常少。为了来到Uber中国组，有人放弃了更高的薪水，有人搬了家，还有人宁愿每天多花一个小时上班从南湾来到旧金山。这都说明了帮助Uber在中国成功这一使命对大家的吸引力有多大。

即使从内部标准看，China Growth也可以说是Uber内部节奏最快、工作最辛苦的团队。由于中国市场十分特殊，因此很多美国市场的产品功能，直接拿到中国是不能用的。比如Uber的司机审查团队在美国建立了一系列背景审查流程，而这基本上都是基于美国的法律程序。因此这种特殊性也给了中国团队很多的机会，让我们进行了一系列的本地化创新。在这里举两个例子进行说明。

- Uber司机的注册激活流程。如同在"中国式刷单战争"那一章中提到的一样，Uber全球的司机注册流程的标准步骤是让司机上传自己的证件照片，由内部人员审核之后激活通过。不过这套系统在中国彻底失效。由于中国刷单司机的技术高明，人眼根本无法有效鉴别出刷单司机，因此中国产品团队和国内的一家创业公司合作，搭建了一套全自动化的智能系统，将Uber中国的司机注册网站与官方系统进行联网，司机在注册的同时只要提交自己的身份证信息，瞬间就能得到结果，而不需要等待很长时间并且有可能有人为失误的审查流程。同时，司机上线的时候还需要通过人脸识别技术的验证，保证不是冒名顶替或者是盗号。这套系统在中国上线之后瞬间把成功激活司机的数量提高了两倍有余，同时有效地减少了刷单司机量，这也让负责世界各地其他产品的团队刮目相看。直到现在，当我开始关注其他各国的产品功能的时候，我才发现他们的注册流程还是比中国落后几代以上。

- 中国产品团队创造了Uber第一个顺风车产品。所谓"顺风车"，讲的就是寻找拼车上下班匹配的产品，而不是让司机随时随地在线等待接单。Uber中国组是Uber内部第一个进行上下班拼车尝试的团队，第一个开启的城市是成都。顺风车在成都很快就找到了产品市场匹配度，并且扩展到其他地方。后来就走出中国，开始进入全世界各个市场。中国组的存在造就了这样一批优秀的产品，他们在中国激烈的竞争环境下脱颖而出，之后就在全世界流通。而且由于中国市场的发展最快，竞争最为激烈，因此在中国市场行之有效的产品，基本上到了其他市场，也有着较为明显的领先身位。从这个角度上讲，和滴滴的激烈竞争也帮助了Uber可以更加专注于创新和提升自己的用户体验，并且将中国市场中学到的经验应用到世界各地。

Uber的中国产品团队创造了硅谷公司在美国专注于服务中国市场并取得出色成绩的一个先例。在Uber之后，Airbnb等新进入中国的科技企业也开始建立属于自己的中国产品团队。

6.5 带总部团队读懂中国

中国组就算在鼎盛时期，也不超过100个工程师。相比之下，滴滴在中国拥有1000~2000名工程师。因此要想全面改善中国的产品质量，就需要Uber所有的团队都把中国作为战略重心。因此，从2016年开始，Uber总部展发了一场雄心勃勃的跨公司项目——"China First"，翻译过来叫做"中国首发"。中国首发的主要内涵在于，Uber整个产品团队在产品研发的过程中把中国作为战略重心，产品完成之后首先在中国进行测试并上线。我于2016年上半年在Uber总部的工作，就有相当一部分精力花在了

这个项目上。这也是硅谷的公司第一次倾全公司之力投入中国市场的产品研发,足见Uber的决心之大。为了让这个雄心勃勃的项目可以真正落到实处,我们做了以下几件事。

1. 高管背书,在全公司贯彻执行

产品团队有几位高管都来自Facebook,他们之前已经有过一次公司战略转型成功的经验。Facebook在创立初期是一个桌面端的网站,因此在2009年移动互联网开始流行并崛起之后,Facebook在桌面端的统治地位和优势受到了很大的挑战。因此当时扎克伯格在全公司推广一个口号,叫做"Mobile First"。意思是说,为了重视移动端的挑战,Facebook全公司当时做的每一个新功能都要先在移动端上线,再在桌面版上线。据说当时扎克伯格推广这个做法时Facebook的团队也很不适应,主要因为需要完全改变自己的工作流程。为了让这点得到重视,他不惜抓住所有机会一遍遍地对所有团队说,这个关键的转型涉及Facebook能不能在移动互联网的潮流中迎头赶上而不被抛下。

2. 把中国战略贯彻到整个公司的思路当中去

Uber在硅谷公司中第一次做到了把中国业务的考量包含在所有团队的KPI当中。我们在执行"中国首发"战略时也做了类似的事情。由于中国在公司的总单量中占比越来越大,中国的投资也对Uber全公司越来越重要,在产品设计中更加重视中国。因此,所需要做的不光是已经设计好的产品在中国第一个推出,而是从一开始就把中国市场的需要考虑在产品的开发流程中。这代表从用户调研阶段就要开始考虑中国等。在我们刚刚开始贯彻这种思路的时候,其实还是面临了不少的挑战,因为公司的大部分产品经理和产品设计师来自硅谷,他们也更加习惯以美国用

户为核心群体进行调研，但是公司要想在中国获得成功，就必须进行这一观念上的转变。

3. 让尽可能多的团队实地体验产品

我们在向公司其他团队讲述中国的市场情况时，遇到最大的困难在于：如果对方没有亲身体验过中国的产品，那么就算你说100遍，他们还是不会明白。核心原因就在于不同的人的生活经历和所处的情境不一样，尤其是对于Uber这种本地化特征非常明显的产品来说差别就更大。Uber与Facebook这样的网站不同，Uber的用户体验事实上受到当地网络情况、交通状况，甚至是社会习俗的影响。因此，不管我们多么生动地和总部团队描述中国遇到的问题，不管高管们如何强调中国产品的重要性，其实有效程度都比不上自己亲身体验。

Uber在美国尤其是旧金山的用户体验其实是非常好的，因此最初我们在向总部团队描述中国产品体验不佳时，他们往往觉得难以置信。中国的一些客观条件，比如说防火墙的存在、GPS的精准度不如美国，再比如说司机往往喜欢通过给乘客打电话来确定接载位置，都使得用户体验截然不同。而对于产品团队来说，如果没有自己亲身经历过，就完全无法把我们所说的事情和他们每天经历到的事实联系起来。

由于这个原因，我们十分鼓励总部团队去中国实地体验产品。2015年年底，首席产品官来到了中国，而我正好负责接待（见图6-4）。当时我们带着他在中国的商场里逛，体验中国的移动支付，当他发现在随便一个地方都可以扫二维码支付的时候十分震惊，赶紧发邮件给美国团队告诉他的发现。我们会很自然地觉得这十分稀松平常，很多美国人却还觉得这是不可思议的。

图6-4　Uber首席产品官Jeff Holden造访中国

6.6　走向全球创新之道

　　Uber产品团队在中国的经历，是一家美国互联网公司走向全球的过程中经历的一个很好的范本。并且，中国市场和其他的市场也截然不同。总体来说，对于一家美国公司来说，与以西方文化为主导的北美洲、欧洲、澳洲国家的公司区别不大，因此在美国取得成功的产品，大部分也能在这些国家取得成功。而一些亚非拉的第三世界国家，由于本地往往没有特别成功的创业环境，因此美国的产品在当地也可以比较轻易地获得成功，因为当地无法形成足够水平的竞争对手。

　　中国市场的特殊之处不仅在于它和美国不一样，还在于他拥有自己的一整套完备的创业环境，有大量的科技人才、科技公司、投融资机构等。很多创业的人都知道，中国在移动互联网的发展在很多方面已经超过了美国，便利的移动支付及大量优秀的创业公司提供的服务随处可见。不过大部分美国人对这一点并没有了解，很多人显然还是带着先入为主的观点，觉得美国各方面都是最先进的，只有一些见多识广的人士才了解中国真正的发展状况。

每次看到来自欧美的同事对中国日新月异的互联网创新表现出震惊，一方面让我感到自豪，另一方面也让我感叹弥合不同国家的人们之间的认知差异是多么困难的一件事情。似乎在他们眼中，中国还只是一个"拥有长城和兵马俑的文明古国"和"生产大量廉价商品的世界工厂"，他们无论如何都无法把中国和"全球最先进的移动互联网市场"这一印象联系起来。

从这个角度更说得远一些，中国的经验也是一些其他新兴市场正在经历的。东南亚和印度市场，由于其巨大的人口基数，都逐渐形成了本地的创业公司生态系统。这些市场的创业公司也经历了从无到有、从发展到强大的过程。事实越来越证明，尽管硅谷仍然是世界创新的中心，但是世界各地的科技生态也越来越完善，硅谷的垄断被打破只是时间问题。出于对这一点的好奇，我在Uber中国与滴滴合并之际加入了专门调研全世界竞争对手的团队，来学习和了解全球各国的创业生态。

07

增长、补贴与竞争

补贴就像战争一样，战争一旦开启，对于双方都有损伤。如果有一方可以速战速胜，其实是比较划算的达到目的的方式，如果两方都准备充分，那比赛补贴非但不能快速结束战斗，反倒会让双方的花费都越来越大。

　　2015年是Uber在中国爆发的关键时期。内部数据显示，2015年全年，Uber中国业务增长接近200倍。2015年上半年，尤其是从2月底春节过后开始的三四个月时间里，疯狂增长了近40倍。那三四个月是我这此生至今最难以想象的旅程。经过这4个月，Uber在中国从一个高端小众产品成为一个主流大众产品；经过这4个月，Uber和滴滴从并无交集到正式站到了擂台的两边；经过这4个月，Uber中国的初始团队完成了自己最艰苦的历练，开始形成之后的运营班底。这4个月中有无数个不眠夜，也是我的Uber中国之旅中最精彩的片段之一。

7.1　春节序曲

　　2015年的新年钟声敲响时，我正与一年前一样，和同事们在北京办公室里蹲守。与此同时，在全中国，特别是在上海、广州、深圳、成都、杭州、武汉六座城市进行了同样的活动。比起一年前总共3个城市、8个人的小团队，这个时候的Uber中国已经壮大了许多。人员方面，我们在新年之前刚刚达到了50人；公司进度方面，半个月前Uber总公司刚刚宣布了和百度达成战略合作，同时也是Uber中国的A轮融资。

从Uber中国的角度看起来，一切都往欣欣向荣的方向发展。只不过有一个挥之不去的隐忧，那就是曾经看起来并无交集的滴滴和快的，这个时候已经在身边触手可及了。相比我们团队50人的规模，滴滴和快的此时都已经是C轮过后的公司，每家公司的人员规模都超过500人以上，假如这两家加在一起，那Uber的人员更是连其零头都比不上。随着Uber和百度结盟，市场上已经开始有滴滴和快的即将合并的风声。但其实当时听到这种事情，还是觉得蛮不可思议的。主要是因为所有经历过那个时期的人，应该都对滴滴和快的之间激烈的竞争和难以想象的敌意感到震惊。对立这么严重的两家公司居然要合并（由此开始，这种事情在以后的一年多以内又在不同行业重复了多次），就好像是巴萨和皇马要合并成一支球队一样不可思议。感官上的荒谬印象让我们都没有去考虑如果它真的发生了会怎么样。

2015年情人节早上，我和妈妈在超市排队等待结账的时候，手机上突然收到十几条信息，滴滴和快的真的宣布合并了！后来很多人问我当时看到这个消息是什么感受，其实真的没有什么感受，主要是因为对整件事情的前后原委并不了解，除了震惊之外，并不知道这对未来意味着什么。这大概有点像法国人知道了英国脱欧，或者说国人得知特朗普当选了总统的感觉：和自己没有极其直接的关系，但自然义是有很大的关系。但是说具体会怎么样，也想不通或者说不清楚，只是有一点很明显：形势已经发生了重大改变。

滴滴和快的合并的故事在媒体上多有报导，和我后来听到的说法差不太多，那就是投资人在其中起到了很大的作用。滴滴和快的之间的恶性竞争烧钱太多，据说滴滴最高时期在一天之内烧掉了腾讯公司年利润的1%，让大家都胆战心惊。同时投资人也担心滴滴和快的两虎相争会不会让Uber渔翁得利。一篇广为流传的文章当中提及，俄罗斯风投DST大佬Yuri Milner叮嘱程维赶紧和快的合并，因为"否则的话Uber会把你们都杀死"。这个观点对Uber非常恭维，不过以我当时了解到的情况，还真是不敢苟同。当时Uber不管是人员上还是单量上都还和滴滴、快的不在一个水平上，而且合并之后，大家一时间也都比较茫然。Uber从进入中国到现在，还没有真正和滴滴、快的正面竞争过。之前滴滴和快的的竞争，更多的是针对于彼此双方，Uber基本上可以说是旁观者。关于这次合并事件，我们的公司方面也没有给出什么说法，只是让大家专心工作就好。时值春节，带着很多的疑问，大家纷纷踏上了回家的路。

2015年的春节在对未来的未知和些许彷徨中度过，不过在滴滴快的合并的背景下，我们在很多城市已经开始行动，准备在春节后放手一搏。上海团队针对司机注册在春节时期进行了一场极其成功的病毒营销活动，使得Uber中国历史上第一次在一个城市的司机的周注册量超过了1000人，据说这是因为上海的很多司机都是同乡，因此在回老家的时候推荐老乡注册了Uber。这件事是Uber在中国真正开始爆炸性增长的"第一枪"，在此之后，广州、成都等城市纷纷以前所未见的速度开始增长起来。当然，现在看来，这件事的里程碑意义主要在于，Uber中国在之前几个月的时间里做的一系列工作，如城市扩张、招募司机等，总算在这个时候达到了一个临界点，并且在补贴的催化之下，开始了爆发。接下来就讲解一下补贴背后的原理和逻辑。

7.2 补贴的原理

任何一个市场，都有两个关键因素，那就是供给和需求。从这个意义上来说，运营Uber平台，与管理一个城市乃至一个国家的经济是一样的，管理者的最终目标都是想让市场更加繁荣。也就是说，要让市场上的交易越多越好，这就需要供给和需求同时增长。由于供给和需求是左脚和右脚的关系，所以说从宏观、长期的角度讲，必须要两边同时增长，否则市场就会出现结构性失调。但是从微观、短期的角度讲，任意一个时刻又不可能完全平衡，因为供给双方必须有一些差值，这样才能创造出增长的动力。这是一个不断演进的动态平衡。

所谓的补贴，就是人为地创造出供给和需求之间的缺口，创造增长的动力，这样市场双方就能以人为的方式带来比自由发展更快的增长。传统行业也存在着各种形式的补贴，比如说商场大减价就是一例。但是不论是杀伤力还是持久性，传统行业的补贴都无法跟电商类公司相提并论，因为传统行业的补贴大部分限于特定的时间地点及特定商品。而电商企业的补贴，从千团大战开始，到滴滴、快的，再到Uber、滴滴，通过专车大战发展到了一个高峰。这些公司发展出了全时间段、全品类、供需双方的补贴模式，可以说是开启全速烧钱模式，传统打法的公司遇上这类角色，基本上就被"杀人不见血"地直接挂掉。

之所以会出现这种模式的转移，最主要的原因就是风险投资的存在。举一个例子就可以理解为什么风投的存在对于电商补贴的发展这么重要。假设有两家商店：商店A和商店B，都出售同一种商品。A卖4元，在正常情况下可以卖出去3份；B卖3元，按照正常的市场经济规律和供需关系曲线，购买量就会提升相应的比例，但是由于成本一样，因此B的利润就会更少。在两家公司都自负盈亏的情况下，A和B的总收入是差不多的。

不过接下来就有意思了，这个时候出现了"互联网思维的资本玩家C"。C是一家风投驱动的创业公司，C进入市场之后，直接就卖1元，或者干脆白送，那用户肯定会去C家疯狂抢购。这样一抢购，购买量就上来了，这个时候C就"画出了一套漂亮的增长曲线"。如果没有风投的话，C这样就是自杀式打法，关门在即，但请注意由于有风险投资，这个时候C就可以继续融资，从而持续这种亏损打法。C在融到一轮钱之后，立刻扩大自己的经营规模，开启多家分店，然后继续采用白送策略，增长继续加快，增长曲线继续，因此可以进行更大规模的融资，如此循环往复。

这个时候A和B就慌了，因为做生意这么多年，从来没见过C这样搞法的。这个时候他们有两个选择，A选择坚持自己以前的做法，B选择像C一样，也开始搞补贴战术，接受资本的入主和支配。如果是A，不用说很快就关门了，因为自己的这点小本生意，不管是规模还是速度，完全无法和C相比。如果是B的话，或许可以和C一拼，但是烧钱这件事很看重时机、执行力、身位等，所以在C先发起进攻，并且先建立了融资的优势情况下，B的机会也不是很大。

当然这都是假设，A和B很快就明白了C的玩法并且开始很快考虑应对之策。事实上，市场上真正出现的情况是，一切发展得都非常快，就在不到一年甚至是几个月的时间之内。在真实的世界中，很有可能A和B还没搞明白到底发生了什么，就已经死了，而且怎么死的都不知道。这个例子比较粗浅，但如果真要找一个对号入座的话，大概可以这么说：C是滴滴打车，A是易到用车，B是接受了乐视投资以后的易到用车……

这个例子是比较调侃地讲互联网公司打法的实质。必须承认，我自己也是一个互联网从业者，但我觉得所谓"互联网思维"的神话其实也不过如此，它的本质就是我们上面的例子提到的那样。只不过风投的存在和对高增长的追求，让一切都着了魔一样。并且，必须指出这也是中国的特有现象，从千团大战开始，到打车软件发展到了最高峰。美国的风投也追求高估值和高增长，但是公司还没有像中国这样进行完全恶性的补贴竞争。Uber从美国一路起家，增长也很快，并且偶尔也会做降价免费活动，但大体上都是在以正常经营的态势在发展。像中国市场这样供需双方的、全平台、全时段的补贴，世所罕有。

事实上，就像前文说到的，打车大战的时候Uber是围观群众，当时我们已经见识到了这种烧钱战争的威力和不合理性，都觉得这样玩简直就是疯了。不过，此一时彼一时，战端已经开启。一旦对手已经开启了这种模式，如果我们不应战，就只能看着自己被对方抛下。只不过，补贴就像战争一样，对于双方都有损伤。如果有一方可以速战速胜，其实是比较划算地达到目的的方式，如果两方都准备充分，那比赛补贴非但不能快速结束战斗，反倒会让双方的花费都越来越大，英语有个术语叫做"Race to the bottom"，叫做"竞次"，就是这个意思。这个时候其实就已经成了融资能力的比拼，一般来说就只有两种结果了，要么是由一方弹尽粮绝、无力坚持，但如果两边都实力强劲，谁也无法完全解决谁的话，最终的结果就是两边都精疲力竭，最后握手言和。这也是为什么说在我们开始补贴战争的那个时候，就可以大概想象到最后合

并的结局。无关立场，这只是事物发展的自然规律。

7.3 供需之辩

补贴是对用户进行刺激，人为地提升他们的需求。在Uber这样的市场中，有卖家有买家，更专业一点说叫做"有供给有需求"，因此补贴就需要有选择和偏向性。很多的时候是对供需双方都进行补贴，这也是为什么打车软件的补贴威力最巨大、花费也最巨大的原因。

想要理解供给端补贴和需求端补贴的关系，有时我会用这样一个宏观经济上的类比：供给端的补贴和政府投资进行基础设施建设在本质上是一样的，相当于在民间投资不够的情况下，由官方投入资源来形成更强的供给，从而让消费者有更强的消费意愿。在Uber的语境中，这意味着有更多的车在平台上，在一个经济的语境中，则意味着高速公路、机场等基础设施更优越。相比之下，需求端的补贴本质上相当于政府印更多的钱（让货币贬值），因此消费者在本来经济能力并没有改变的情况下就拥有了更多的消费能力和意愿。

做这个类比，除了方便理解以外，还有一个重要的目的就是要帮助大家想明白到底为什么要补贴（见图7-1）。事实上，做这样的一个P2P平台模式，就像一个自由市场一样，直接干预的办法不是很多的。如果公司方提供供给，就像神州专车的模式一样，那就是"国企"，而不是自由市场了。但这种模式的缺陷就是增长很慢，因为毕竟买一辆车加上雇用一个司机的成本和司机自由加入的成本是不可同日而语的。因此，如果做一个自由市场平台的话，在运营上如果想要人为加快增长，真正的方法就两种——供给端补贴和需求端补贴，当然这只是大概，自然有很多具体的、细化的做法，并且需要很多产品和技术方面的支持。这样就好像管理一个现代经济体的经济要用到两类政策——货币政策和财政政策，乘客端的补贴就是货币政策或者说货币扩张，司机端的补贴就是财政政策或者说财政扩张。

图7-1　人民优步在北京降价

　　那这两种方法在实际操作中如何选择呢？总体来讲，拥有以下的优、缺点。优点是司机端补贴在让车队规模变大的目标中更有用，因为对司机来说好处是很明白的，所以他们也更容易被吸引。这种做法的潜在缺点有两个，首先是容易造成消费不足的供给过度情况（可以类比为中国的

"四万亿投资"之后消费不足的状态，这个时候就需要进行"供给侧改革"了），其次是司机对补贴形成习惯以后想降下来比较难。因此媒体经常会报道一些"司机听说补贴下降，怨声载道准备离开"的信息，事实上这是很正常的，补贴不会也不可能成为一个常态。

相比之下，乘客端补贴也可以叫做低价战略，好处是可以让平台一直处于高效率的运营状态，不会出现司机很闲没单的情况。它的一个坏处在于司机不是很喜欢，这个自然可以理解，就好像所有老百姓都有钱都买得起房一样，那开发商自然不高兴了。还有一种打法，那就是价格定得比较高，但是乘客端有很多优惠券补贴，这样司机看到价格高愿意去接单，乘客由于有优惠券的作用，会产生占便宜的心理。这是很多商家，尤其在"双11"的时候经常做的。比如说一件商品本来50块钱，但是如果标价100再打6折，消费者会觉得自己占了很大的便宜，但其实商家还多赚了10元钱。

以上我讲的只是一些粗浅的基本概念。事实上，这套理论在真正实践的时候，附加上很多数据及机器学习，就可以变得非常有威力。举个例子，由于不同乘客的经济实力及使用场景不同，乘客端的优惠券事实上有很多的需求弹性（Demand Elasticity），这也就造成了给所有的人在同样的时间发同样的优惠券是非常低效率而且浪费钱的一件事情。简单地说，经济实力更强的用户就不会那么在乎是不是有优惠券，因此你发不发他都会用App打车，那样还给他发优惠券就是浪费钱了。并且，一段没有时间压力的晚上回家的旅程，相比于去参加重要的会议或是要赶飞机，两者的需求弹性也不同，对后者来说即使很贵也要坐，因为没有办法。技术的威力就在于可以通过研究用户过去的习惯而总结归纳用户的经济实力和消费习惯，并"预测"他的需求弹性。其结果就是系统不会花一分钱在"没有必要花"的地方上，而对于系统事实上花出去的钱，则总是能够收到很好的效果。

7.4 优步进击，滴滴反击

从2015年2月底开始，Uber中国的单量在3~4个月、15~16周的时间里，平均每周增长20%~30%，少数时候每周增长40%以上。就这样，人民优步在3个多月的时间里增长了接近40倍。就是这3个月，奠定了Uber在中国的业务基础，让Uber从一个只有科技发烧友使用的小众产品变成了一个大众品牌。

在2014年整整一年时间里，Uber在中国虽有不错的发展，但还是以中高端用户为主。当时很多身边的朋友知道Uber只是因为我在Uber。平时看微信朋友圈，会有一些科技圈的朋友讨论和Uber有关的内容，但是那些不在科技行业的朋友对于Uber一般并没有什么认识。从2015年年初开始，我逐渐发现一些与科技行业毫无关系的人也开始使用和讨论Uber了，所以说这种改变是极为明显的。

3个月的时间非常快，只有事后回头来看，才能真正感受到这期间发生了多少不可思议的事情。身处其中的时候，大多数情况下只是忙着应对当时紧急而且混乱的局面。据后来去了滴滴的同事说，Uber突然发力开始狂涨，滴滴是很慌的。后来程维接受采访时也说，Uber当时经过两三年的海外扩张，已经形成了一整套成熟的打法，而滴滴还在摸索当中。可以说，此时Uber和滴滴的交锋确实就是大炮飞机遇到了大刀长矛。相比之下，滴滴

拥有的是主场优势及中国创业者的韧性，而Uber的优势有以下几点。

- 一整套内部技术手段及武器。Uber能在每个城市用几个人和滴滴的几十上百人的团队竞争是有原因的。Uber的后台系统可以随时监测整个城市所有车辆的上线运营情况，运营经理可以随时给所有司机发出信息指令。数据表格可以实时分析当周的所有重要运营数据，并且可以让运营团队对症下药。这套系统在我刚来到Uber的时候就已经基本构建完成，而当时滴滴的后台建设还处在很初级的阶段，只能用人海战术去弥补。听说滴滴在了解到Uber内部的这些系统之后就开始恶补，基本上是照着Uber系统的样子也做一个。

- 总部-当地合作机制。Uber的城市团队虽然分散在世界各地，但事实上总部一直有许多团队在在帮大区进行分析决策。除了总部的产品团队之外，还有一系列的团队来进行补贴效率优化、提升运营质量、鉴别刷单司机等工作，这些团队事实上就是本地团队在总部的智囊。看起来一个Uber的城市团队是很小的，但其实背后还有一个这样的成熟的系统在支持，所以说Uber的城市团队只有几个人在和滴滴搏斗，也不完全准确。

- 全球网络的融资与输血。Uber高层很早就发现，Uber面临的是一场全球打车软件的竞争。Uber是所有打车软件中唯一覆盖全球的，其他所有的玩家都无法将自己的运营延伸到一个区域或者一个大洲以外。因此对于Uber来说，首先在融资之中一直拥有显著的优势，其次Uber在美国和欧洲拥有大量盈利的城市，可以将这些利润调配到新兴市场进行司机补贴，而后起玩家往往要面临完全利用融资进行补贴的情况。玩即时战略游戏的人都知道，想要击败敌人不能只靠击败他的来犯军队，最重要的是要歼灭他的生产力，才能长久地解除威胁。而Uber的粮仓远在大部分国际竞争对手双手能够到的范围之外，这就让Uber的策略更可持续。

2015年5月，我们发现Uber应用在iOS应用商店中悄然登上了旅行榜的榜首，在总榜中的位置也超过了滴滴。5月底，易观数据发布了2015年第二季度中国移动市场的数据报道，他们也发现了Uber活跃用户数在几个月之内狂涨几十倍的情况，并做出预言："Uber有望成为第一个攻克中国市场的硅谷公司。"这个成绩让我们感到极为鼓舞，所有的早期员工，包括我，恐怕做梦也想不到Uber真的能在中国做得这么大。

但事实上，情况并不只是对增长感到激动这么简单。业务量在几个月之内增大了几十倍，团队成员再怎么扩张，也招不了这么快，所以这个时候我们其实是处在很大的工作压力之下。由于Uber知名度的提升，各种新闻事件也开始增多，同时Uber这半年来的进击也消耗了大量的资金，急需进行运营优化。此时，滴滴也展开了反击，具体的动作很多，无法一一列举，不过有这几件事是有着代表意义的。

1. 微信端封杀

微信对于Uber来说主要有两个作用：首先是城市团队做营销活动的时候进行社交媒体宣传，其次是作为一个司机注册的渠道。2015年3月下旬的某天，Uber中国好几个城市的微信账号突然被系统提示被人举报，理由是触犯了微信的运营规定，诱导分享。一开始我们还的确认为是存在诱导分享的问题，后来发现所有的账号都被封，甚至有一些刚刚注册还没来得及发布任何内容的账号也被封，这就不太对劲了。

并且，微信的封禁不仅限于Uber官方无法注册公众号。普通用户在发布的状态或者分享内容中如果提到了"Uber"、"优步"字样，会自动被微信掩藏掉，用户自己可以看见，但是好友是看不见的。不过，中国网友运用聪明才智，开始用一些其他的代号来代指Uber，比如说有人使用U_

B_E_R，还有人把Uber叫做"小U"、"U妹"……这个事件引起了许多人对微信官方的不满（因为微信不光封杀了Uber，也封杀了其他一些和腾讯及其旗下公司有竞争关系的业务，比如"网易云音乐"等）。Uber团队在封杀当天制作了"进得了全世界，进不了朋友圈"的宣传图（见图7-2），立刻在微信内广为流传。经过新闻媒体一炒作，Uber的知名度反倒比原来还高了。

图7-2　Uber宣传图片"进得了全世界　进不了朋友圈"

事后微信团队的解释是由于"系统抖动"而误封，我到现在也没有明白系统抖动到底是什么意思。客观地说，这件事情对于Uber增长的影响并不是很大，微信封杀事件之后的两个月，Uber的增长非但没有变慢，甚至更快了。

2. 挖脚员工

Uber在中国最大的优势之一在于它的团队成员。Uber员工的招募标准很严格，员工平均素质很高，因此滴滴很早就开始接触一些Uber员工，再加上Uber在中国的人员比较少，每个城市就几个骨干成员，因此挖人事实上更是阻止人民优步发展的比较有效的一种方法（见图7-3）。我和很多同事从很早开始就被滴滴的猎头联系过，滴滴一方面器重人才，一方面出于削弱竞争对手的考虑，给Uber的团队成员开出了非常优厚的待遇，并且所有的offer基本都在该成员当时的职位基础上连升几级（在合并之后，神州专车和易到用车给Uber员工开出了类似的Offer，基本上一个Uber城市运营经理到易到可以直接成为高级总监）。在当时的挖脚之下，的确有几位同事选择了加入滴滴，此后Uber也做出了一些调整，比如说设立三大区（北区、中区、南区）的领导结构，让团队结构更合理，从那之后一直到合并前，Uber中国的人员结构都非常稳定。

图7-3 神州专车针对Uber的广告，前黑后捧

3. 假消息误导司机

在竞争最激烈的时期，Uber的司机经常会接到虚假短信，在这里分享

一下我印象最深的两个：一次是在 2015年5月，滴滴快车全国上线，上线当天全国各城市的优步司机都收到了这样一条短信："师傅您好，人民优步即将退出中国运营。请在此平台继续注册。"短信中附带的一个链接是滴滴快车的注册页面。另一次是司机收到这样一条信息："师傅您好，我们发现您有刷单行为，请刷得越多越好，如果刷得不够多您将会被封号。"

诚实地讲，有正常判断力的司机应该都能知道这属于捣乱的信息。我不是很确定这些信息是否真的来自滴滴团队，当时彼此处于竞争状态，发些侵略性的信息实属正常，尤其在中国互联网的激烈的环境当中，司机都知道滴滴和Uber之间的关系，慢慢也都习惯了，就不去理睬，而第一次收到的时候司机会跑来问。比较值得关注地是滴滴如何能拿到这么多Uber司机的电话号码，听说滴滴和快的的竞争过程中也有一些类似的事情，可能就是有高超的技术手段。

7.5 回顾戎马岁月

现在回想起来，在这段大概半年的时间，是我在随着Uber回国的岁月当中最惊心动魄的半年。我亲眼目睹了中国移动互联网浪潮中的风起云涌，也领略了其中的腥风血雨。诚然，这是一段充满了不确定性与压力的旅程，但这正是创业公司的精彩之处。当然，只有回顾的时候才可以这样讲，当处在战局当中时，每个人只顾得上尽自己的一切努力去争取当时的胜利。

上文提到了很多滴滴的竞争性手段，也并不是在贬低滴滴。同时我也不觉得因为现在Uber中国和滴滴合并了，就一定要去假装这些事情都没有发生过。在中国的创业公司竞争中，这都很正常，滴滴与快的进行早期竞争的时候也是这样过来的。所以并不是说哪家公司手段特别卑劣，而是说整个的创业环境是这样，想要生存下来，自然就需要锻炼严酷的承受竞争的能力。Uber作为一家在美国发际的公司，在美国也以充满竞争力闻名，不过到了中国这样的环境中还是对滴滴所表现出的狼性大吃一惊。事实上，我们一向都认为滴滴是Uber在全世界遇到的最强大的对手。高手总是互相尊重，而且也懂得对事不对人，毕竟到最后，大家都是创业者，每个人做的事情都是为了更好地服务消费者。

诚然，我认为，竞争总体来说对于行业发展是有促进作用的。就好像原子弹来源于二战时期，太空技术在冷战时期获得突破一样，它会迫使竞争双方都用最快的速度得到进步。在我离开中国市场以后发现，其他市场的玩法在复杂性和先进性上都无法跟中国相比，这在很大程度上与中国市场激烈的竞争有关。并且，Uber中国和滴滴两家公司能够获得这么大的估值，恐怕也是互相比赛补贴和增长的结果。如果没有另外一方的存在，那么两家公司更加合理的策略就是慢慢涨，而不是进行激进的补贴，增长速度自然也就不会那么快。因此，我不是很认同那些反对一切竞争的看法。当然，所谓的同质化竞争也会有问题，那就是大家会变得越来越像。当补贴变成了一分一厘的竞争，当双方的产品越来越趋同后，似乎最后的结局已经变得十分明显——殊途同归。

08

没有输赢的结局

　　1915年的圣诞节，法国和德国的士兵主动在平安夜停战，双方聚在一起唱歌并互赠礼物，然而第二天就返回战壕继续打仗。谁能想到，100年以后，我们也在另一片战场上做着同样的事情，只不过相比之下，这场竞争消耗的是投资人的钱。

　　Uber中国和滴滴出行的合并是2016年中国科技创投界最大的并购案，也成了国内社交媒体中的高光话题。从发生前的铺垫，到合并刚宣布后充满戏剧性的一周，再到随后的阵阵余波，都十分值得纪念。这是我人生经历的第一次并购案，也是在Uber中国过去近三年旅程的出人意料的终点。

8.1　战线相持

　　从2011年的团购"千团大战"开始，电商企业发明了烧钱拼增长的模式，到打车软件行业诞生之后，这个招式已经被创业者们玩得花样翻新、炉火纯青。只不过，进行烧钱大战的前提是能够带来极速的增长。如果两方都烧钱却无法获得增长的话，投资人就该着急了，资本整合也就指日可待。快的和滴滴的合并，以及滴滴和Uber中国的合并，都遵循了这个规律。

　　让我们回顾一下Uber在中国的发展经历。如前文所述，从2013年年底我来到Uber中国后的第一年里，Uber在中国先从高端豪车做起，再加入商务车型，业务量虽然在Uber全球的排行榜上稳步上升，但是中国市场可以说是"没什么动静"，2015年年初的市场占有率不过1%左右。2015年的情人节，滴滴快的合并是Uber中国发起进攻的信号，从春节后第二周开始，在乘客端降价、司机端补贴提升，并且城市扩张的带动下，每周增长超过20%，有时甚至是40%并持续超过4个月之久。这四个月的狂飙突进让Uber从一个从前只有科技粉知道的美国企业变成了一个中国的主流品牌。

这场"闪电战"让Uber势如破竹地攻占了大片市场，滴滴第一次见到这个阵势，又刚经历了和快的的整合，几乎反应不过来。不过Uber这边，由于在几个月之内业务量扩大了几十倍，工作的复杂性和难度都在增加，团队成员从而面临着非常大的工作压力。因此，Uber有意识地进行了一些调整，花了一些时间让自己的人员架构更合理，并让补贴更有效率，这个时候战局就从极其疯狂的扩张阶段进入了相对平稳的相持阶段。

进入拉锯战和战壕战之后，由于双方都会仔细研究和琢磨对方的动作，因此争夺一城一池开始变得费劲。两边都不敢贸然减少补贴，但是任何一方只要增加补贴，就会遇到凶猛的反扑。在这样的竞争中，大量的钱就这样被对耗掉了，却没有给任何一方带来市场份额的收益。在这种情况下，我和同事们第一次产生了双方未来可能会合并的预计。

2015年圣诞节，我和几位前同事聚会。他们此时已经加入了滴滴，大家从朝夕相处的伙伴变成了今日厮杀的对手，此番聚会，似乎昨日重现，让人十分慨叹，就更凸显出行业局势的戏剧性。觥筹交错之间，我们想到了这样一个段子：第一次世界大战是人类军事技术获得极大发展的时期，在这场战争中，由于机关枪、铁丝网等杀人如麻的新式武器第一次被投入战场，参战各国都遭受了极大的伤亡。在一战的西线战场上，每天死人数

万，但战争依然进展缓慢并且整个战线几乎没有太大的变化。我们都觉得
Uber中国和滴滴当时的形势就好像是此分战场的翻版。

还有一个经典的故事是，1915年的圣诞节，法国和德国的士兵主动在
平安夜停战，双方聚在一起唱歌并互赠礼物，然而第二天就返回战壕继续
打仗（见图8-1）。我们聚会的当天正好是一战圣诞节停战100周年纪念
日。我们笑言：谁能想到，100年以后，我们也在另一片战场上做着同样
的事情，只不过相比之下，这场竞争消耗的是投资人的钱。

图8-1　1915年圣诞节一战交战双方的士兵踢足球

在你的1元钱和我的1元钱带来同样效果的情况下，烧钱大战最终的本
质就是融资大战。于是进入2016年，两边都继续疯狂地融资，并且数额和
估值都已经高到了难以想象的程度。2016年3月，滴滴从苹果融资10亿美
元；5月，Uber从沙特主权基金拿到了35亿美元，创下全世界私募资本的
融资记录；仅仅一个月之后，滴滴则豁出20%的股份，以280亿美元的估值
融资近50亿美元。当时有一篇文章评论，Uber和滴滴加起来融资200亿美

元，第一次海湾战争也就花了500亿美元，一个打车软件的竞争筹码居然能高到这个程度，实在让人触目惊心。

8.2 戏剧性的合并经过

2016年我到了硅谷的Uber总部工作，6月底是我在合并发生之前最后一次回国。当时滴滴刚刚宣布融资50亿美元，Uber中国的领导层在北京集合，讨论下半年的战略。这次回国我又见了在滴滴的前同事。让我有些意外的是，他们并没有体现出对于融资欢欣鼓舞的感觉，而从他们的表现来判断，滴滴内部的情绪也差不多。的确，滴滴以280亿美元的估值融资50亿美元，这种接近20%的股份稀释在融资已经到了如此后期的时候其实已经很罕见了。而滴滴之所以舍得抛出这么多股份进行融资，也的确说明是豁出去要与Uber进行最后一搏。

时间进入7月，工作和往常一样繁忙。平时以来就一直有讲述Uber滴滴合并传闻的文章，在这个时候多了起来，这些消息也依旧毫无意外地被两家公司辟谣。大概到了中旬的时候，我开始从不同渠道听说到更多的包含细节的合并消息。当然，到这个时候，一切也还都是传言，只不过比以往讲得更加有鼻子有眼一些。

直到7月31日，当天是一个周日，我正在和室友在去吃晚饭的路上，突然有朋友发给了我一张号称是宣布合并的邮件的图片。我自然是很震惊，不过因为那段时间已经看了很多这样的信息，也没有太当回事。想不到半个小时之后回到家，我发现这张图片已经在网络上大肆流传，而且中外媒体也都做了跟踪报道。于是这个时候公司的群里开始涌现了大量讨论，我本来还是希望能专心工作，少想这件事情，但是在这个时间点上也很难了。而且由于当天正值公司给大家切换邮箱，很多工作也无法进行，更加深了这种顾虑。中国办公室的一些员工由于工作无法继续，就外出吃饭了，而我们这边也无法静下心来做任何事情，因为微信朋友圈的各种消息也开始刷屏了，接下来的晚上就基本上是在聊天中度过的。

凌晨1点，我们收到了CEO的邮件，公司官方确认合并事实。那瞬间脑子一懵，震惊的同时，也感慨Uber的中国之旅就这么突然结束了。合并信息出来的那一瞬间，我也彻底地感到精疲力竭，大脑在极度的情绪跌宕起伏当中十分缺氧，心中自然有千万种想法，其实已然说不清楚。

我就好像熬夜看完了一场惊心动魄的世界杯决赛一样，倒头就睡。第二天早上起来，发现手机里有几百条信息，各种家人朋友都发来问题，有人是好奇，有人是震惊，还有的人是慰问希望我个人一切都好。来到公司，大家一时还不知道该做什么好，于是经理拿出了些酒，我们就从早上十点开始一直喝到半夜。

接下来这几天属于大家对合并事件反应比较激烈的时期。公司给大家开了多次会，外面也有很多的媒体报道，这些报道有正面的、有负面的、有分析的、有八卦的，不一而足。大量媒体的关注和人们自己的情绪交织在一起，使我们的心情更复杂。我此时不在中国，无法和曾经在中国一起奋斗过的战友们共同经历这一刻。看大家的发言，也是有震惊的、有感伤的，但更多地还是表达了对这段经历的珍视。有同事说感觉像失恋，还听说很多同事在公司哭了，我自己大概由于在Uber比较久了，各种事情见得相对多一些，加上一直以来对合并有一些心理预期，所以反应没那么激烈。不过确实有一种很异样的感觉，因为从我在三年前来到Uber的时候，"Uber中国"就是我工作的全部，很长一段时间里面，也是自己生活的主要部分。这所有的一切在瞬间毫无预兆地消失，带来的震撼还是很大的。

当然我相信更多的同事怀念的，除了公司本身以外，更是自己朝夕相处的同事。创业公司让人记忆最深刻的地方就在于大家都非常拼命地工作，在一起共度的时间也非常多，彼此之间的感情可以说远超过一般的公司同事范围。以我自己为例，我和北京的第一位运营经理相隔两周进入公司，刚来到北京的时候我们还是室友，同吃同住，平时一起工作，周末一起出去见朋友，简直可以说是情同手足。

Uber中国新的组织架构在从合并那天起就开始筹划了。几周以后，我终于借去东南亚出差的机会，在合并后第一次回到国内，见到了久违的同事们。可喜的是，此时的气氛和刚刚合并时的震惊和感伤已经有所不同了，办公室的氛围其实很朝气蓬勃，大家都已经做好了准备去迎接自己人生中的下一步。回国第二天恰逢宣布合并之后的架构，我也旁听了在滴滴大厦进行的合并后的第一次全体员工大会。此时往日的同事们已经开始纷纷各奔前程，大概有这样几个去向：有一些选择在优步中国继续坚守岗位，有一些选择加入滴滴的其他部门，还有一些加入了Uber在全球的其他部门，其中不少人去了新加坡，当然，离职及创业的也不少。

当时有点像是大学毕业的时候大家各奔东西的场景。Uber中国就像一所大学一样，很多人在这里遇到了让自己在以前的工作中不曾遇到过的激情满满的创业伙伴，以Uber在中国的招聘标准之严格，找到的人才基本上可以说是中国当代的青年才俊中十分有代表性的一些人。能让这么多人

聚在一起做一件事情，本来就是很不容易的。因为大家都年轻，在这里的感觉其实很像在学校，每个城市团队就像在一个个班级。也许这个大学本来还可以延续得更久一些，不过由于合并，所有人就突如其来地"毕业"了。和同学们分别自然会感到惋惜，但是看着大家都纷纷走出了精彩的下一步，自然也是让人欣喜的（见图8-2）。

图8-2   合并之后，优步西安微信账号发表纪念文章

Uber在中国的运营就这样告一段落了。如果从我们2014年2月17号的发布会算起，总共是两年六个月，而如果再往前追溯到2013年9月上海第一辆车上线的话（当时我还没有来到Uber），大概是两年十一个月的时间。

8.3 Uber给中国留下的印记

这场并购之所以引起这么多的关注，主要也是因为Uber是近年来第一家国人可以近距离接触的硅谷科技公司。中国人对硅谷的创业故事早有了解，并且不少创投圈的人还对这些事情耳熟能详。但毕竟Google、Facebook和Twitter长期不在中国开展业务，而Uber不仅在中国运营，而且做的是交通服务，并且走的是中低价路线，和普通市民的生活结合很紧密。所以随着合并，大家也开始关心Uber在中国一路增长背后的公司文化和价值观，在这里可以简单地做一个回顾。

1. 公司文化

合并以后有这样一件事成为了社交媒体的热点，那就是"Uber年轻人的骄傲"。此事的起因是合并之后，一些Uber中国的员工们在朋友圈表达了自己对收购的遗憾与感伤，后来逐渐发展成了对于Uber公司文化的留恋、骄傲和对滴滴的不屑（在一些外人看来）。如同所有的网络事件一样，这种观点在舆论中激起了反水。一部分观点觉得Uber员工太矫情，还有一些观点觉得Uber成为了一个年轻人给自己打鸡血洗脑的青春符号。

对于这一点，事实上我从未看见我的同事们这样表达过，大家都很职业，也很理性，这更多的是外界的一种曲解，况且"骄傲"并不是Uber的公司文化之一。这件事情与其说证明了年轻人的优秀素质，不如说更多地代表了员工的认同感及Uber公司文化建设的成功。虽然Uber中国作为一个集体已经成为过去，但是Uber的公司文化还会被很多人带到自己以后的工作和生活中，继续发挥作用。

可以说Uber从创立之初就非常重视精神文明建设。事实上，每一个优秀的组织在成长的过程当中，都会涌现出一些出类拔萃的人物。正是因为这些人物在特定时期的关键时间节点的所作所为，才能让这个组织化险为夷，继续向前。而这些人所表现出的关键特质，也从而成为了组织的重要精神遗产。我们讲的"长征精神"、"南泥湾精神"等说的也是一个道理，这些精神都是公司能够在重重困难中走到今天的安身立命的法宝。

因此，从我入职第一天开始，也听到了很多关于公司在创立过程中的旗帜性的故事。这些故事最后经过了领导者们的悉心提炼，形成了公司的一些核心价值观。

- Celebrate cities

这一条可以翻译为"为城市加油"、"为城市喝彩"。为城市服务是Uber所有业务的核心使命，而且前面提到过，Uber业务也是靠以城市团队为核心的小群体奋斗起家。因此，公司希望所有员工把自己当成城市的主人公，而在Uber所做的一切事情都是让城市更美好。这个概念的精妙之处，就在于它既具有"改变世界，改变人类生活"的宏大内涵，又非常实在和具体，避免了很多创业口号的空洞，让Uber的影响落到了每个所服务的城市之中。

- Always be hustling

"Hustle"是一个创业者的常用语，形容一种不畏艰险、奋力向前、尽一切努力完成目标的实干精神。Hustle可以说是一个创业公司精神的最佳体现。在公司的初始阶段，在一个城市只有三个人的情况下，每个人都要撸起袖子就干活。因此，在公司不管是职位多高的管理人员，很多时候都要做一些很基本的事情，一方面是确实需要，另一方面也是要让大家保持谦虚的态度与实干精神，不要和一线越走越远。因此员工入职培训的第一件事就是到大街上去向出租车司机推销，就算总监级别也是如此（见图8－3）。这也是为什么Uber虽然招募了各行各业的精英，但整个公司丝毫没有一些"高大上"的行业虚荣感。

图8－3　　Uber员工在街头试图招募lyft司机

- Meritocracy and toe stepping.

  字面翻译是"唯才是举"，换成国内经常讲的术语，可以叫做狼性文化。公司鼓励大家为了坚持自己的正确想法去努力争取，而不是为了放不下脸面而做好好先生，简单说就是不唯上，不鼓励一团和气。之所以形成这样的文化，和公司一直以来面临的环境也有关系。打车软件行业从诞生以来，就一直面临着激烈的竞争，行业的形势在一夜之间就可以改变。在这种情况下，最危险的就是放松对环境的警惕，并产生官僚氛围。公司里最优秀的人，也基本都是那些在关键时刻可以坚持自己的想法去做正确的事情的人。值得提出的是，合并之后滴滴也把这一条当做自己的首要价值观。

- Be an Owner, Not a Renter.

这一条用比较简单的话讲叫做主人翁精神，也是创业公司的精神法宝之一。创业公司生存的环境之艰难，如果员工都拿出在大公司工作时候那样的态度，只做到自己分内的事情，或者说到点就下班之类的，基本上是不行的。需要每个人都把公司当成自己的一部分，自觉地多做一些甚至是很多。事实上，由于公司的高速增长，各方面的条件几乎永远属于不完备的状态。我们在公司的时候有一句玩笑话，叫做"在Uber工作就像是一边造飞机，一边在飞机上飞"。

如同之前讲过的一样，我们在城市中开展早期运营工作的时候，曾经无数次自己垫钱帮公司租办公室、招实习生，甚至刷爆自己的信用卡，或者自己多做很多手动重复的事情来解决产品上的暂时不足，司机推荐表不行就先手抄等。诚然，这种做法并不总是可取的，但是在订单量每个月都翻倍的情况下，指望公司的系统永远跟上需求确实也是不太现实，所以很多时候就是靠着员工们的热血和努力在让整个业务运转着不能瘫痪。有的时候，我们的确可以在一些条件不具备的时候两手一摊，说这不是我的工作范围内的事情，我不管了，但是这样的话自己亲手建立起来的业务就会受到损失，有谁想这样呢。

所以我觉得Uber公司文化最成功的一点，就是让所有人都有激情澎湃的创业感觉。对很多人来说，这种残缺、原始、野路子（scrappy，意思是破破烂烂的）的状态，反倒是最吸引人的。如果一切都很合理，协调得很好，很成熟，不也就没什么意思了。我也总是告诉自己，如果哪一天Uber失去了这样的状态，那恐怕也是我应该离开的时候。

以上所述，在我在Uber的三年多时间里，点点滴滴地渗透在自己身上。我现在或许已经没有刚入职时那么热情澎湃，但不得不承认公司文化已经在一定程度上塑造了自己的工作方式，甚至是塑造了自己的性格。这些东西都已经带到了自己的身上，如果5年以后Uber在我身上还有什么印记的话，应该就是这些吧。

2. 人才理念

对于一家创业公司来说，创始人和最早一批员工的特性就能决定整个公司的气质。Uber中国招聘的这些员工，在我看来对Uber中国的文化塑造影响巨大。

- 宁缺毋滥

  前文分析过，Uber开创了招募金融行业的人才来做运营的招聘模式。我一开始发现这一点的时候也十分吃惊，觉得只不过是区区一个打车软件，为什么需要高盛的银行家来作分析？但是创业公司的人才像磁石，好的人才会吸引更好的人才，而水平不行的人只会带来比他们还不如的人，会给公司带来负面循环。我在纠结是否加入Uber时也曾经质疑过这家公司是否靠谱，但当我在LInkedin上找到了我能找到的所有Uber员工时，就不再有疑虑了。心想这么多优秀的人都做出的选择应该是有一些道理的吧。

- "能上能下"的完美结合

  Uber不仅在运营上实现了一大奇迹——招募了一些来自精英行业、背景很"高大上"的人，而且还能让他们能够撸起袖子干脏活累活，甚至做一些十分琐碎的事情。很多关于Uber中国的报道都说过这一点。Uber中国西北区总经理张延琪从前是外汇交易员，掌握数亿资金的流量，而到Uber后的第一份工作是给活动上的气球充气！即便如此，所有的员工说起这些事情的时候都丝毫没有任何难堪的感觉。

- 对价值观和增长机会的认同

  Uber在招聘的时候就非常看重员工观念的认同，尤其是在薪酬上。加入一家创业公司就意味着舍弃短期回报，看中长期回报及增长空间。Uber给的工资是比较低的，对于那些来自于金融业的人才来说，这意味着降薪一半甚至更多，我的老板就从高盛的总监位置来到Uber，降薪达97%，但是所获得的股票早就给予了超额回报。

Uber中国依靠这样的理念在两年的时间里打造了一支战斗力强悍的精英团队。不管是媒体记者还是滴滴都曾说，Uber在中国的精神面貌看起来完全不像传统意义上那些动作缓慢、阳春白雪的外企，而就像一家正在战斗中的中国创业公司。从一个数据可见一斑：Uber中国只有500个员工，滴滴有5000人，两家以1：4合并，按这样算起来Uber员工的平均战斗力是滴滴的2.5倍左右。

最后，造成这个区别的除了员工素质之外，还有中美创业公司的很多理念差异，Uber中国的全体人员，不管职位多初级，都持有Uber全球和Uber中国的股票，滴滴绝大多数的基层员工则是没有股票的，很多中国的其他创业公司也是如此。据我在滴滴担任管理层的前同事讲述，滴滴面临的最大问题是基层员工数量很大并且不持股，所以缺乏动力。这与连实习生都打了鸡血的Uber确实差别明显。

3. 世界级的叙事能力

我们的时代被硅谷的创业故事所打动，从比尔·盖茨到乔布斯，再到马斯克，载入史册的不光是产品与技术，也更是所谓改变世界的故事。想要改变世界的叙事正是硅谷公司DNA的核心，正是这种"画大饼打鸡血"的手法，让无数青年才俊放弃稳定的工作，加入创业公司，Uber在这一叙事上扛起了Google和Facebook的大旗，成为了这一个十年内最具颠覆世界色彩的企业。从这个角度上来讲，中国现在的创业公司，即使优秀如滴滴，也还处在亦步亦趋的阶段，当然，他们也已经开始讲"改变世界"的故事，但是不管是从主旨还是手法来说，相比美国的公司来说都还不是很成熟。

2016年元旦时，滴滴发布了一个名叫"dibot"的视频，内容大致是讲滴滴的人工智能实验室。视频里面，一位白人老者在设计一个给印度城市用的智能交通系统，整个情节让人有点不知所云。TK（Uber CEO）不知道从什么渠道看到了这个视频，还转发给了全公司，加以嘲讽。

当时我刚好看了一部国产电影，叫《杨贵妃——王朝的女人》。在电影的开头，宏大的场景中，范冰冰饰演的杨贵妃和黎明饰演的唐玄宗在皇宫见面了。让人吃惊地是，开头的旁白是英文的，念旁白的角色是一名来自罗马帝国的传教士（令我不解地是罗马帝国什么时候说英语了），而杨贵妃居然用中文和他流利地对话。

两个作品有异曲同工之妙，除了都让人不知所云以外，还能体现出现阶段传统的宣传叙事的一致特点：以看似国际化的方式讲故事，隐含了对"大国崛起"的追求及内心渴望获得全球的承认，但其实缺乏自信的价值观和叙事方式，画虎不成反类犬，做出来的东西也不伦不类。相比之下，Uber一般在宣传叙事手法上，主旨和内容要朴素动人得多，即改变世界源自改变每一个普通人的生活，回到了为城市喝彩的主题上。

我们以前在评价滴滴的时候，曾经用了这样的描述。Uber和滴滴都是斗士，在这一点上，Uber在全世界大杀四方，滴滴在中国市场打败三十多个对手，两家公司的竞争力都是不用怀疑的。只是，用CEO的话讲，Uber同时还是"诗人"，意思就是创业需要创造力。

　　Uber发明了每逢特殊节日，就将App上的汽车Logo换掉的方法，比如说圣诞节的时候会把小车图案变成圣诞树，因此经常给用户带来惊喜，也顺带制造了不小的营销效应（见图8-4）。2014年感恩节的时候，滴滴抄袭了Uber，把车的图案改成了火鸡的图样。也许滴滴的市场部门会为这国际化的创意得意，但是中国老百姓并不过感恩节，所以这个创意其实是难称巧妙。类似的例子还有滴滴南京克隆了人民优步的"一键叫"，微信宣传图直接用了Uber实习生划船的活动图片，连图片里的Uber的logo都忘了PS掉就发出去了。

图8-4　2016年7月，北京暴雨后，Uber北京地图上的车辆图标变成了小船样式

8.4 未完待续

合并完成以后，Uber总部的国际增长团队进行了一些调整，在原有的中国组、印度组之外，又多了东南亚、欧洲、拉丁美洲项目组，还有一些原中国项目组的工程师也开始关注这些新的领域。随着中国竞争的结束，东南亚成为了新的战场，合并隔天，滴滴宣布投资东南亚打车软件GrabTaxi，同时印度尼西亚的"摩托车版滴滴"—— Go Jek也融资6亿美元，Grabtaxi的创始人还放出话说"滴滴的成功给了他信心"。Uber中国的结束代表着滴滴和Uber在中国达成了伙伴关系，但同时也意味着Uber和诸多来自世界各地的竞争对手在更广阔的战场上全球角力的开始。

我现在还记得两年前，打车大战的时候滴滴快的给出租车司机发加油卡的事情。两年后的滴滴肯定不会想到自己今天会价值350亿美元，但是两年前的Uber中国更不可能想象自己在两年后能达到今天的体量。创业公司的迷人之处就在于其不可预测。可以说，Uber和滴滴互相成就了对方。在与Uber的竞争中，滴滴成长为一个世界级企业，而不仅仅是全球各地的"Uber山寨者"之一。

在全球互联网的新兴市场中，中国和印度各树一帜，东南亚和拉美则分别接近于中国和美国的后院。因此东南亚作为中国市场竞争的溢出效应十分明显，并且东南亚也是中国各大互联网公司（包括微信）尝试国际化最多的地区。从某种角度上讲，这一点甚至有点像现在的中美关系。美国作为超级大国，不管是美国政府还是美国公司，依然拥有最大的全球性优势。中国在崛起的过程中，作为东亚地区的强国，首先可以建立影响力的

地区也是亚洲。有一种论点甚至说，Uber之所以在中国让步，是因为中投向Uber在东南亚的竞争者递上了支票。这样看来，滴滴向东南亚的扩张简直带上了一些战略的意味。

如同美国在多地区驻军一样，Uber的团队也遍布世界，中国一直韬光养晦，近年来逐渐增加使用投资手段来增加软实力。这个类比也适用于滴滴，滴滴作为中国本土企业，在全球化运营上完全没有经验，现在还只能靠单一的投资手段来支持当地的创业公司对抗Uber，而这些公司水平大多数参差不齐，并不是Uber的对手。

诚实地讲，作为中国人，我对滴滴在短短几年内取得的成绩感到钦佩与兴奋。只不过和Uber这样的公司相比，中国创业公司成为全球巨头的路才刚刚开始，而Uber在诸多国际市场的经验还有很多值得中国公司和从业人员学习之处。带着这个目标，我加入了新的团队——对Uber全球竞争对手进行调研。

8.5 从"帝国统治"中学习全球文化

在Uber总部的新工作给了我一个崭新的平台。由于需要调研Uber在全世界各地的竞争对手，我经常旅行出差，并和当地团队密切接触合作。在这个过程中，我不仅了解了当地的经济、社会和文化，也亲身感悟到了全球化的发展历程。在经过一些思考和类比之后，我发现了这样一个现象，那就是Uber的全球团队在本质上讲很接近近代西方帝国的管理模式。当然，不只是Uber，所有现代西方跨国公司，都是以此为雏形建立的。

诚然，全球化在2016年这样一个有趣的时间节点，并不是一个含义积极的词汇。客观地说，殖民帝国和跨国公司一样，都是全球化的主要推动力。这件事情就像英国退欧运动及美国特朗普当选总统等事件一样，很难简单的一刀切说"到底是好是坏"，只能说，全球化在宏观上促进了人类的沟通交流，同时自然会对完全本地的经济生态带来一些冲击。事实上，对我们现在所生活的世界来说，西方帝国开启了全球化。现在世界的生活方式和制度都深受其影响，从以下现象可见一斑：英语是全世界的通行语言，世界经济和金融系统基本都按照欧美银行的方式运作等。

近代西方帝国之所以可以有效控制大部分殖民地，主要是因为解决了两个极其困难的问题，同时也是古代帝国无法很好解决的问题。而Uber之所以在短时间内获得大规模的成功，也正是因为解决好了这两个问题。

1. 如何达到高效率的管理

以英国为例，相对来说面积狭小，并且它的国土并非连贯成片，而是分散在全球大大小小的地方。并且，英国本身的人口和军队规模都不大。在19世纪的大部分时间里，英国竟然能以在大部分时间里不超过20万人的常备军队统治全世界面积如此广阔的地区，这不能不说是一个奇迹。促使它完成这一奇迹最重要的原因自然是技术上的优势。除了广为人知的军事技术上的优势以外（事实上，英军在大部分时间里的技术优势并没有那么大，并且大部分的殖民地的本地人很快也学会了使用西式武器），主要还是信息和交通技术的优势。电报的存在让英国可以快速地处理来自全世界各地的情报，海军的强大可以让英国在一两个星期以内把军队送到全世界各地需要的地方，从而完成高效率的军事打击。而这一点是所有古代大型帝国的致命伤，比如一个关于蒙古帝国的比喻是，它好像一个巨人，脚趾头都已经烧没了头脑还不知道呢，所以就很难及时作出反应。

- 以此为映照，Uber作为互联网公司，数据沟通的发达极大降低了公司的沟通成本。而这一点往往是分散化运营公司的致命伤。以中国为例，据我所知，大到宝洁这样的企业，国内的销售数据居然只有省级，再细分就没有了，而且使用excel进行追踪，缺乏实时联动。其他的小一点的公司就更可想而知，我的一些前同事去过一些更小的互联网运营公司，或者所谓的O2O企业（包括早期的滴滴），这些公司的数据系统非常缺失，导致的情况就是总部对于当地的运营状况、发生些什么事情、遇到什么问题根本就不了解。一些情况下，遇到了困难往往是两边互相蒙骗了事。
- 在发达的数据沟通的基础上，公司的决策程序快速且高度本地化。在我们的城市三人团队的结构中，本地团队可以做出大部分决策，而不是和总部进行长时间的汇报和讨论。这一点在面临激烈的竞争环境中是更为重要的。在Uber中国和滴滴的竞争发展最快的时候，往往上午对手出招，下午就可做出反击，一天之内就已经有几个回合。在这种情况下，如果还按照传统外企的做法，去和总部汇报和请示，肯定是根本不行。

2. 如何弥补人数上的劣势

技术上的优势自然是一个重要的原因，不过即使有了这些，全球化公司都还面临一个问题，那就是他们在人数上往往还是远少于当地人。这个问题怎么解决呢？

还是以英国为例，英国在印度只有不到一万名政府职员、几万名士兵，而他们统治着数亿人。为了完成这个不可能的任务，英国人采取的方法是和当地的权力集体合作，以一种英国和当地文明的混合方式来进行统治。本地精英更熟悉传统，在当地联系更深远，并且也有意依靠英国人的支持来强化自己的权力。这种"高科技+依靠本地精英"的治理模式，就是现代跨国公司的通用治理模式。

以此类比Uber的情况，Uber在和全球的竞争对手相较量时，在美国以外，几乎在其他任何地方都是人数少很多。Uber中国的人数在绝大部分时间里一直是滴滴的十分之一以下，但是在业务量上却是滴滴的三分之一乃至一半左右。在最后合并的时候，Uber中国的500名员工也远少于滴滴的5 000名员工。在印度尼西亚，本地打车应用GoJek有1 000多名员工，Uber只有大概30个人。

由于Uber在每个城市只有很少的员工，所以管理广大的司机群体的任务其实是落在了那些车队经理（在中国叫做租赁公司）的肩上。这些人拥有本地资源和人脉，帮助Uber的正式员工分担了很多基层的运营工作，Uber公司也乐于和他们分享一些收益。同样的，Uber团队也创造了效率的奇迹，在Uber中国早期的一些城市，甚至有5个人的团队运营数万名车主和数十万名乘客的情况。

3. 中间层的形成

全球化的管理层和本地精英的伙伴关系产生了一个新的阶层，这个阶层最先接受了西方化及全球化的生活方式和思维方式（这些人也正是英美等国的"反全球化运动"所反对的"精英们"）。这些人的子女普遍在西方接受精英高等教育，也就成了全球化组织在本地代理人的理想人选。这方面最有名的例子是大英帝国的旗帜人物塞西尔·罗德斯，他创立了牛津大学"罗德奖学金"，希望能让英国殖民地的优秀青年学成归国之后成为维持英国治理的栋梁之才。这一点影响深远，因为这就是最早的留学生群体。在中国近代史上，有一种带有贬义的说法把这个群体称为"洋买办"，认为他们就是"外国人的狗腿子"。客观地说，作为留在了美国的留学生，我自己也是这种教育制度的产物，事实上，在我早期在北京发展Uber业务

时，还真的有刷单司机骂我们是"洋人的狗腿子"。滴滴在和Uber竞争的早期阶段，也把自己标榜成民族企业，把Uber说成是"西方列强"。

全球化的管理层会根据当地市场的具体情况来选择团队的本地化程度。以Uber为例，Uber的欧洲总部阿姆斯特丹及亚太总部新加坡的团队都比较国际化，有不少来自美国的高管和有西方教育和工作背景的当地人。但是在中国则是坚定地走本地化路线。一开始的招聘还偏向海归，因为需要这些人会说英语，可以和全球团队进行协作，最后则更偏重在中国市场有实际经验的人才。Uber中国合并前夕的管理层中，所有人基本上都是在中国接受的本科教育。

随着本地市场的发展，有一些本地的精英，既熟悉这些全球化企业的运营模式，又熟悉本地情况，会选择自立山头而不是为Uber这样的企业去工作。比如说，东南亚打车软件Grab和Go Jek的创始人都来自哈佛商学院，两人还是同学和学校的好朋友。自然，如果他们愿意加入Uber，Uber是很愿意让他们来领导本地市场的。不过他们最终选择了自己创业，也获得了不错的成绩。

因此，总结来说，跨国公司的发展促进了技术的传播。本地创业者的商业模式很多情况下也是学习和模仿优秀的外国公司的结果。前文说到，程维在早些时候的一些演讲中曾经把滴滴打车比作民族企业的标志，并号称所有爱国的公民都应该选择滴滴、抵制Uber，其实这种民族主义观点只是营销手段，因为滴滴自己的模式本来也是借鉴了英国的打车软件Hailo，并非滴滴所独创。总结起来，不管是本地企业借鉴外国模式进行本地化创新，还是Uber这样的跨国公司进行扩张，最终的结果都是一样的：促进了科技应用的全球化和人类的沟通融合。

09

在全球的继续拓展

在新兴市场，中国公司和欧洲公司、美国公司一样，也是外来者。只是相比之下的中国公司的文化稍微相近些，肤色也与当地更为相近，但是同样是外国人。中国公司在中国国内人多势众、更熟悉本地市场的优势，在这里都不存在。

在Uber中国和滴滴合并之后，我曾一度对自己下一步做什么十分彷徨。同事们有的去了滴滴，有的离职创业，也有的加入了Uber在其他地区的团队。最终，在经过一番思考之后，我感到Uber的全球战略深深地吸引了我。我在Uber的前两年半，主要关注中国市场。中国市场的确是公司很重要的一块，但除此之外，Uber还拥有50个国家400座城市的运营，因此我十分想了解这家公司在全世界其他地方是怎么做的，并如何协调这么多不同的地区与总部的关系。

并且，最近中国互联网界出现了"下半场"的说法。大意是说，中国互联网市场的高速成长期已经接近结束，许多市场已经被BAT及滴滴等公司瓜分完毕。展望未来，创业者们广泛认为国际化是中国互联网公司下一步的主要任务之一，但目前还没有很多中国人知道一家互联网公司该如何国际化，成功的例子也不多。因此怀着这个目标，我加入了现在所在的团队——"全球情报分析"，任务是调研Uber在全世界各地的竞争对手。这可以说是一个了解全球互联网市场的绝好窗口。因此本章主要的内容是以打车软件为切入点，对全球各大主要市场进行观察分析，同时也有对当地社会经济发展状况的感受，包括以下这几个地区：美国、东南亚、印度、欧洲和中东、拉丁美洲等。

9.1 新兴市场的"跑马圈地"

经济学家一般把美国和欧洲发达国家（不包括俄罗斯）之外的市场叫做"新兴市场"。近些年，许多来自美国和欧洲的创业公司都来到这些新兴市场扩张业务、跑马圈地。这些国家有一个共同点，那就是历史上一度是某个西方强国的殖民地。东南亚的情况最有代表性，在这个地区，新加坡和马来西亚曾经属于英国、印度尼西亚曾经属于荷兰、菲律宾曾经属于西班牙和美国，而越南老挝、缅甸这些国家曾经属于法国。了解这个历史背景对理解跨国企业在此地区的扩张非常重要，这使得东南亚地区对国际化产品和国际化人才的接受程度都很高。目前很多欧洲的创业公司对东南亚的重视程度已经超过了欧洲本土。

这方面最著名的例子是德国创业孵化器Rocket Internet。Rocket Internet被业界戏称为"山寨工厂"，其格言是"做中美之外最大的互联网平台"，商业模式就是选择那些在美国已经验证成功的模式，快速地复制到发展中市场，其中就以东南亚为重点。Rocket Internet之前孵化最成功的项目是东南亚的电商网站Zalora和Lazada，其中后者被阿里巴巴收购，另一家它旗下的送餐企业FoodPanda与英国的创业公司Deliveroo在一起竞争东南亚的外卖市场（见图9-1）。这样看起来，东南亚的互联网市场的确有一些列强纷争、战国时代的意味，而且许多公司都不是来自东南亚本地。这件事仔细想来也有道理，欧洲的公司、技术、团队都比较成熟，和中国、美国不相上下。但是欧洲人口少、市场发展慢，无法像中国和美国增长得这么快。因此他们为了追求增长，很多时候会到东南亚来寻求发展。并且这样还有一个好处，就是可以避开美国市场和中国市场的激烈竞争，相对来说胜算更大一些。

图9-1　东南亚的Foodpanda配送车

　　如同上一章中的描述，美国公司和欧洲公司在新兴市场所采取的战略就是在本地同全球化精英进行合作。这些全球化精英一般兼具对本地市场和对西方系统的了解。以东南亚为例，不管Uber还是其他美国公司，在东南亚的高层总体还是以外国人为主。这种体系的好处是，和全球团队的沟通非常方便。当然弊端就是这种方法有可能造成与本地的脱节，并且相比之下，本地竞争对手总是更加人多势众。之所以主要使用外国人还可以行得通，也是因为东南亚的市场发展水平还比较低。Uber在中国很早时就知道必须更加本土一些，让中国团队来担任高管，而不是找外国人。而东南亚本地公司所采用的方法和滴滴出行和快的打车早期在中国的战略比较像。就是利用自己的主场优势、更加了解国情、与本地政府更熟悉等特点，在技术、产品等方面都有明显缺陷的情况下，采用人海战术，用人数来弥补这个劣势。这个情况在印度尼西亚达到了一个极端，Go Jek全部员工数量有1 000人左右，而Uber只有几十人。

　　对于想要进入新兴市场的中国公司来说，主要的挑战就在于中国公司和欧洲公司、美国公司一样，也是外来者。只是相比之下，中国公司的文化稍微相近些，肤色也与当地更为相近，但同样是外国人。中国公司在国内人多势众、更熟悉本地市场的优势，在这里都不存在。在东南亚，中国公司需要像美国公司和欧洲公司一样，通过代理人来管理整个市场。美国人和欧洲人对于这点都十分适应，但对于缺乏殖民主义传统的中国来说，显然还不是很适应，而且英语也是中国公司全球化的一个大难关。

在这个问题上，不要小看语言的力量。Uber公司能在全球50个国家400个城市顺利地运作，所有的团队成员都说英语是一个非常重要的条件。不管你来自什么地方，大家都可以通过英语进行交流，并没有什么障碍地了解每个人表达的意思。而假想一个中国公司，并不是全员都说英语，而本地团队也不说中文……这样的话沟通就很困难，只能通过特定的更有国际化背景的人来进行。这无疑加深了沟通障碍，限制了公司的发展。这个问题影响的不仅仅是中国公司出海，其实是中国在经济实力和影响力、软实力和全球化的过程中的一个普遍挑战。

9.2 东南亚——中国市场的延伸阵地

1. 地区概况

东南亚在很多人眼中是中国公司出海的第一站，也是大家公认的和中国相似程度比较高的市场。Uber中国和滴滴合并之后，Uber中国的相当一部分员工加入了新加坡的Uber团队。合并之后的第一次出差我就去了东南亚，有一些非常有趣的体验。

首先，要知道东南亚并不是一个国家，而是一个由许多国家组成并且内部差别非常大的地区。东南亚一共有12个国家，人口总数6亿左右，既有新加坡这样高度发达的国家，也有越南这样远低于平均发展水平的国家。东南亚不是一个统一市场，因此各国的货币、语言和基

础设施都不一样。如果把东南亚与中国相比的话，这方面几乎是无可避免的劣势。我在东南亚出差的时候，一个星期之内辗转四个国家需要办四张SIM卡、换4次钱，到最后我自己都记不清楚哪个国家的汇率到底是多少，可以说是十分麻烦。

在这些国家之中，印度尼西亚（以下简称"印尼"）可以说是东南亚最重要的国家。东南亚地区的地形基本上是一个半岛（中南半岛）加上一个群岛，印尼占据着这个巨大群岛的绝大部分地区，拥有世界第二大岛（新几内亚岛）的一半土地，世界第三大岛（加里曼丹岛）的大部分土地和整个的世界第六大岛（苏门答腊岛）。不过，印尼有2.75亿人，大部分的人口居住在面积小得多的爪哇岛，总体上的人口密度和中国相等，印尼同时还是全世界最大的伊斯兰国家，全国所有的写字楼和酒店全部有防暴警察的安检措施。

由于曾经排华等原因，中国人对印尼了解不多。事实上华裔在印尼的实力非常强大，印尼的华裔占总人口数的5%左右，但是占据了全国90%的商业和财富，说得极端一点，是与犹太人在美国金融界的情况相像的。因此普通的印尼老百姓对于中国人可以说是又敬又怕。

之所以第一个说印尼，是因为它的确是一个巨大而且充满活力的市场。而相比之下，中国人对于印尼的了解相对于新加坡、马来西亚，甚至是菲律宾都要少很多。Uber雅加达的总经理就曾告诉我，印尼"是世界上最大的隐形物体"（Indonesia is the biggest invisible thing in the world）。

除了印尼之外，马来西亚和菲律宾是该地区第二和第三大的市场。马来西亚作为前英国殖民地，法制、基础设施建设及国民教育都比较完备。菲律宾则是长期的美国盟友和前美国殖民地。不过，我在菲律宾的时候，正好遇上了这个国家近些年最重要的一次变化。大家也都知道，菲律宾新上任的总统杜特尔特在政策上来了一个180°的大转弯。在内政方面，他严厉的禁毒战争获得了很多中下层民众的好感，但自然也招致了自由派知识分子和外国人的严厉批评。因此可以预期菲律宾在以后的几年中会和中国有更多的经贸来往，中国公司在菲律宾将会有更多机会。

接下来还有越南和泰国，这两个国家历史上都与中国交好，受中国市场的影响也最大。由于这两个国家的市场比印尼、马来西亚和菲律宾要小不少，这里先不做具体讨论。最后还有该地区最发达的国家新加坡，由于新加坡的首都就是新加坡，所以放在下文关于城市的章节做分析。

2. 竞争对手

在东南亚主要有两大资金充足的竞争对手——来自于马来西亚驻扎在新加坡的打车软件Grab和来自印尼本土、专注印尼市场的Go Jek。Grab基本上就是东南亚版的滴滴，刚出道的时候叫Grab Taxi，在最近一年才从打车软件加入了私家车和摩托车的运营，同时也接受了滴滴打车的投资。

不过更有意思的是这个Go Jek。我在雅加达第一次打开Go Jek应用的时候就震惊了。这个公司相当于是印尼版的"阿里巴巴+美团+滴滴打车"，从打车软件到外卖送餐到电影票，甚至是上门按摩服务、搬家什么都有，同时它还拥有自己的支付服务。所以说，Go Jek是印尼创业公司历史上出现的第一个"独角兽"。由于印尼是一个后发的互联网市场，因此Go Jek在创业时，可以灵活地吸取许多其他国家创业公司的已有模式，把它们一股脑地全做出来。这便是互联网创新领域"蛙跳理论"（在经济学中指的是后发国家吸取先进国家的经验，进行跨越式发展）的一次验证。

　　两家公司可以说在东南亚市场严格地贯彻了滴滴出行和快的打车在中国的农村包围城市的战略。由于摩托车在东南亚的流行，两家公司都在摩托车业务的推广上下了很多功夫。骑手都穿着带有公司色彩的服装（两家公司的衣服都是绿色的，可能和伊斯兰教在该地区的普及有关）。穿着这种标志性的衣服，不仅能让乘客更好地辨认司机，也起到了宣传的作用（见图9-2）。因为衣服上写着如何下载应用的方式，甚至写有优惠码，几乎就是一个移动的广告牌。

图9-2　雅加达街头的Grab Taxi骑手

　　在东南亚的主要城市，尤其是雅加达，随便什么地方，走出一个写字楼，到处可以看到像潮水一样的摩托车队。甚至在街边有不少区域专门隔出来，给车手进行休息和交流，还能看到他们在那里聊天或者劝说乘客来坐他们的车。有点像中国的出租车司机聚集点，只是数量多上100倍且随处就是。摩托车的服务价格极其便宜，一趟旅程折合人民币是一两元钱，折合美元只有几十美分。Uber在看到了这个场景之后也决定开始提供摩托车服务，并且很快就获得了惊人增长，并成为了该地区总单量的可观的一部分。考虑到当地的经济社会发展状况，让所有人都乘坐汽车的确还是一件比较奢侈的事情，摩托车才是更符合当地国情的一种产品。

3. 城市观察

我探访了打车软件在东南亚地区用户量最大的三大城市：新加坡、雅加达、马尼拉。在这其中，新加坡最现代化，与中国香港比较像，拥有高度发达的基础设施建设和多元化的人群。

Uber在东南亚的总部位于新加坡，这里聚集了来自世界各地的员工。相对于其他国家，Uber在新加坡是最成功的，主要有两个原因，首先，新加坡是Uber在早期就建立了运营的城市；其次，新加坡拥有大量的外来人口，并且经济发展水平比较高，所以说Uber传统的中高端用车生意在新加坡最流行。由于新加坡政府实行车辆限购政策，所有的车辆均有一倍左右的税，因此在新加坡购置车辆的成本十分惊人，一辆丰田凯美瑞这样普通的车，就需要花费10万美元左右。因此，Uber在新加坡专门成立了自己的租赁公司。由于总量有限，那么只要Uber多拥有一辆车，竞争对手所拥有的车辆就更少了，由于Uber起步最早，所以现在依然拥有比较大的优势。

然而新加坡作为一个高度西化的城市，只是进入地区的钥匙，它的作用就好像西方人在一开始进入中国时驻扎在中国香港，那只是没有完全本地化时的权宜之计。东南亚地区打车软件市场潜力最大的城市不是新加坡，而是雅加达。

雅加达是全球人口最多的城市之一，也是全球最拥堵的地区之一。我刚到雅加达就被全城密密麻麻的摩托车震惊了（见图9-3），这场景让

我想起了20世纪90年代的中国小城市。很显然，汽车在当地还是一件奢侈物，不是每家都有，但是每家每户都拥有一辆摩托车。而且也许是曾经被日本殖民统治的缘故，印尼的摩托车品牌大都是本田和雅马哈。雅加达街上平均每一辆汽车旁边就有大概五六辆摩托车，在如此坏的交通状况下，其实摩托车倒不失为一个更好的选择。不过摩托车普遍不遵守交通规则，我在乘坐摩托车的时候，就在拥挤的车流中来回穿梭，有好几次都差点撞到其他车上，不禁令人胆战心惊。据说雅加达每个月都要发生许多摩托车车祸，恐怕也是交通密度如此之大的时候难以避免的。

图9-3 印尼首都雅加达、摩托车车流与汽车混杂在一起

　　马尼拉是东南亚地区的第三大市场。虽然菲律宾最近在政治上与美国有摩擦，但在城市生活中，美国文化对菲律宾的影响随处可见。当地有一种类似于出租车的服务很有特色，叫做吉普尼，是美军驻扎在菲律宾留下的废旧汽车（见图9-4）。这些汽车像小公共一样，在马尼拉的各个地方来回运输客人。由于美国殖民地的关系，菲律宾大多数人都会说一些英语，广播上的主播也都是英语主播，乍听起来和美国的广播台并无二致。据说菲律宾GDP的10%来自在美国工作的菲律宾移民寄回家的钱。当然不管是雅加达还是菲律宾，在比较繁华的城中心之外，还是有许多脏乱差的景象，空气污染和交通拥堵也都很严重。的确可以说，这些城市在发展中面临的问题和曾经的中国城市也很相似。

图9-4　菲律宾的"吉普尼"出租车，改装自驻扎美军的吉普车

9.3 印度——英语人才比例高

印度是中国公司出海普遍瞄准的另外一个选择。印度市场的基本特征和东南亚比较类似，都有大量的人口、新兴中产阶级，以及巨大的基础设施建设需求。当然与东南亚不同的是，印度是一个统一市场，也是全世界最大的民主国家。虽然很多中国人把印度当做对手，但其实印度的历史和中国截然不同，印度并没有作为统一国家的悠久历史。现在我们看到的印度，其实是由英国统一起来的，是殖民统治的直接结果，而之前是在南亚次大陆上数百个土邦。但即使今天他们都属于同一个国家，之间还是有很大区别的。从这个角度，就可以理解为什么印度一直缺乏基础设施建设，因为强有力的中央政府并不是印度的传统之一。我在硅谷的时候发现了一个很有意思的现象，那就是来自中国的工程师相互交流的时候都说中文，而来自印度的工程师相互交流时说英语，除了印度人对英语更习惯之外，还有一个原因，就是很可能这两个人长大的地方并不说同一种语言。

在市政交通方面，印度面临的挑战和东南亚有点像。印度不是一个汽车覆盖率非常高的国家，因此在印度不存在私家车主来做司机的情况。印度的司机都是专职司机，并且大多数文化水平不是很高。很多司机甚至不识字，需要由公司员工来帮他们记住自己的用户名账号等（见图9-5）。2015年Uber推出了新的司机端。这个司机端应用程序制作精美、信息量丰富，但却在印度遇到一大挑战，因为司机根本就不识字，所以那些用心制作的接单秘籍和关于提高收入的小贴士对印度司机来说完全无效。很多司机看见司机端程序后，只能通过颜色记住该点哪里，我们只能用"先点绿色按钮,再点蓝色方框"这样的指示去告诉司机该怎么操作。这种使用方法让我们感到哭笑不得,这个问题在美国或者中国都是完全不可想象的。

图9-5 职业印度司机

不过,虽然总人口的文化程度仍然需要提高,印度的精英阶层却取得了令人非常佩服的成绩。印度精英如今在硅谷及美国商界做得非常好。硅谷所有的科技公司总监以上的人里,起码有一半是印度人。谷歌和微软的CEO是印度人,只是这种现象在到达一定边界之后的自然反应。事实上,谷歌在硅谷有个戏称——一家位于加州山景城的印度公司。并且这种现象不仅仅局限于科技界,在美国商界也有很多印度人身居高位。与大家的印象不同的是,印度精英在美国做得如此好的原因,不仅仅是因为通晓技术。如果只论技术能力的话,中国人的能力不亚于印度人。印度人做得这么好,主要是因为较强的沟通能力。高盛这些投行里面有很多印度精英，有一个突出的例子是Nikesh Aurora，此人曾经在谷歌担任高级商务副总裁，并且在2012年加入软银集团担任CEO，主持投资了多家Uber的竞争对手。

所以有一个问题很有意思，那就是印度拥有这么多精英人才，为什么这些人才待在美国而不愿意回印度发展？在这方面，印度人和中国人形成了鲜明的对比。我们之前说过，印度这个国家总体发展水平一般，而印度精英在美国又"混得很好"，那么他们自然没有动力回印度工作。相比之下，中国的发展程度要优于印度，并且中国的海外人才普遍觉得在美国上升空间有限，有"玻璃天花板"，因此更愿意回国发展而不愿意待在美国。因此，印度人长期成为美国技术移民绿卡申请的最大来源，这一点毫无疑问影响了印度的创业公司。我在Uber印度的同事告诉我，家里有名在外企工作的亲属"依然是一件光宗耀祖的事情"。当然，最好的莫过于直接去美国工作，但如果去不了美国，在本地为外企工作也不错。印度最大的打车软件Ola在吸引顶尖人才方面的吸引力明显不如Google这样的硅谷企业，而且也不如Uber在印度开设的分部，说明印度精英还不愿意把本地公司当成一个好的职业选择。我不知道这个现象和印度的殖民主义历史有多大关系，但在中国，很明显外企的光环已经开始逐渐消散。不过随着印度的发展，未来必定会有更多的精英愿意回国发展，这将会使印度的市场的竞争更加激烈。

我曾经在美国接待过印度来的官员，他们给我留下了深刻的印象。这些官员的英语非常流利，可以直接和公司高层进行交流，并且非常通晓西方沟通方法中的一些诀窍，总是能够在关键时刻讲出一些笑话，引发哄堂大笑来调节气氛。相比之下，我也见过一些中国官员来访，气氛要沉闷很多，由于语言上的障碍再加上文化的差别，双方经常需要通过翻译来进行比较刻板的交流，气氛自然比较冷淡。相比之下，立即显示出印度人和美国人在思考方式、价值观上都很接近，再加上印度经常夸耀自己是世界上最大的民主国家，所以在意识形态上也没有区别。何况世界五百强企业基本上都有大量来自印度的高管，这些人在必要时刻都可以牵线搭桥。这些因素都会成为印度在国际化中的优势。

因此同很多中国的精英以调侃甚至是嘲笑的态度看待印度这一点所不同，我觉得印度完全不可小视。印度有3亿说英语的白领，这个数量甚至超过了美国。不管在商业国际化还是在总体国力方面，印度都会成为中国的强有力的对手。并且印度作为殖民地的历史和教育方式，事实上在这个西方文化和价值观主导的世界有一些独特的优势（当然，劣势就是他们的民族凝聚力弱一些）。相比之下，中国人还需要学会如何融入主要由西方创建的全球话语体系。

9.4 拉丁美洲——欢乐的土地

Uber在2012年开始进入拉丁美洲运营，现在拉丁美洲已成为单量最大和最具有盈利能力的市场之一（见图9-6）。由于和美国共同处于西半球，拉丁美洲一向被认为是美国的后院。与东南亚、印度、中国相比，拉丁美洲同样拥有庞大的人口、崛起的中产阶级和巨大的消费能力。但是拉丁美洲尚没有成熟的风险投资体系，因此优秀的本地创业公司不多。这使得拉丁美洲市场基本被美国和欧洲的公司所垄断。美国有大量说西班牙语的人群和来自墨西哥等拉丁美洲国家的移民，并且白人群体非常乐意学习西班牙语言，去打开拉美市场。另一方面，由于拉丁美洲曾经是西班牙和葡萄牙殖民地，这也使得来自西班牙和葡萄牙的公司在拉丁美洲拥有广大的文化优势。拉丁美洲唯一一个跨越全拉美的打车软件Cabify就来自西班牙。

图9-6　巴西超模Alessandra Ambrosio是Uber圣保罗的第一位乘客

拉丁美洲国家的经济结构普遍较为单一，许多国家依赖能源等大宗商品出口贸易。近些年，尤其是2008年金融危机之后，这些国家都遭遇了不同程度的困难。不过即便有经济上的困难，拉丁美洲人民的乐观天性还是让我和同事们深感震撼。在墨西哥城出差时，我遇到的所有同事都非常热情开朗，大街上的人们也似乎对生活充满了自豪和向往。即使他们的经济条件并不是很好，但是所有的人都载歌载舞地享受生活，感谢上帝给予他们的一切（他们都是虔诚的天主教徒）。似乎只要在街头放一个音响开始播放音乐，大家就会欢快地跳起舞来，互相并不认识的大爷大妈也会热情地与你聊天，就好像是多年的朋友一样。对于在严酷的中国市场拼杀过的我们来说，拉丁美洲就好像是幸福快乐的天堂。

我认为拉丁美洲对于有国际化志向的中国公司来说是一个不错的目标。主要原因就像上面提到的，市场广大，但是目前本地化的风险投资和创业公司的生态系统还没有形成。其结果就是偌大的拉丁美洲，居然找不出一家做得很大的创业公司。我研究了南美的几家打车软件，产品基本上都接近滴滴在三年前的水平，落后不少，并且大量使用人工来弥补产品的不足。随着全球化的发展，当地肯定会孕育更出色的创业企业，而不仅仅是去接受外国的产品。对于中国公司来说，这是机遇，也是挑战。总体来说，拉丁美洲现在还属于美国和欧洲的后院，但是由于它的地理和文化上与美国的接近性，不失为进入美国的一个跳板。

9.5 欧洲、中东与俄罗斯

最后我们可以来说一说其他地区，在Uber的全球运营体系划分中，欧洲和中东、非洲被共同称为一个市场，叫做EMEA（Europe，Middle East and Africa）。相对于这个大区，另外一个大区就是亚太地区。我认为这个地区可以大体分成四块，第一块是传统意义上的欧洲，第二块是中东地区，第三块是俄罗斯（俄罗斯虽然属于欧洲，但是事实上与欧洲其他地区相比有非常大的区别），第四块则是非洲。

欧洲的创业科技市场，相对于美国和中国来说，发展更缓慢、更成熟。欧洲拥有非常良好的科学教育基础，欧洲的公司在技术上往往非常扎实。商业模式上也会做更多的验证。相比之下，欧洲公司不会采取中国和美国创业公司烧钱扩张的方法（这也与风险投资的缺乏有一定关系）。因此欧洲创业公司的扩张脚步要慢很多，很多公司已经创立了3到5年，还处在市场调研阶段。近年以来，欧洲逐渐形成了三个创投中心，第一个是英国伦敦，汇聚了来自英国和各个欧洲国家的创业者，俄罗斯的投资机构也大都在伦敦开设了分支机构。另外一个是柏林，还有一个是以色列的特拉维夫。许多以色列公司以特拉维夫为起点，最终走向硅谷，比如说众包地图应用Waze。总体来说，欧洲公司的素质非常好，只是因为欧洲的社会经济特点，使得它发展得没有中国和美国这么快。因此就像我们之前提到的，很多欧洲公司选择出海到新兴市场进行扩张，东南亚和拉丁美洲都是欧洲公司喜爱的扩张目的地。

俄罗斯是一个与欧洲相独立的非常独特的市场，俄罗斯市场的情况和中国有些像。俄罗斯位于欧洲，但是却被西方主流社会排除在外。他拥有一整套自己的商业体系，并且近年来许多俄罗斯前寡头化身风险投资商，以DST（俄罗斯第一风投大佬，曾投资Facebook、Twitter、Zynga、京东、滴滴等）为首，创造了俄罗斯本地的创投生态环境。俄罗斯本地的科技公司实力其实也非常强悍，拥有大量技术人才。Uber在俄罗斯的头号竞争对手叫做Yandex，其不仅在应用方面做得十分扎实，甚至拥有当地的地图系统。Uber是Yandex的竞争对手，但是又不得不使用Yandex的地图，因为它在俄罗斯比Google地图质量更好。这就好比又不在中国和百度竞争，但是还需要使用百度地图一样。

最后说一下中东地区。这里现在还远不能算是创业公司的热土，中东地区最大和最有潜力的市场是沙特阿拉伯王国、埃及与巴基斯坦（巴基斯坦是伊斯兰国家，因此一般在统计的时候把它算作中东，而不算在亚洲）。可以说，打车软件为这个地区完成了创业公司领域的"启蒙"，正如Go Jek是印尼历史上最成功的互联网公司一样，总部在迪拜的打车软件Careem是中东地区创业公司历史上出现的第一家独角兽（见图9-7）。它由两个来自迪拜的咨询师创建，一开始就专注于企业预约用车市场，在中东国家的商务用车领域收获了许多用户。Careem很快就进入了所有主要的中东国家，并且开始在印度洋沿岸的其他非洲国家扩张。

图9-7　中东打车软件Careem

值得注意的是，来自阿拉伯的资本一直是风险投资国际化的重要参与者之一。与中东地区的创业公司最近才兴起不同，阿拉伯的财团早就参与了打车软件的全球扩张。Uber从很早的时候开始就有来自中东的主权基

金投资者，并且，在2016年年初，沙特阿拉伯主权基金向Uber投资35亿美元创下全世界风险投资记录。由于中东地区的社会还受到比较严格的政府控制，创业公司在那里还是一个新兴事物，但是大量的石油美元及受过西方高等教育的阿拉伯石油精英们，既将投资创业公司看做一件非常"酷"并且高回报的事情，也把它看做是改变本国脆弱经济结构的一条出路。沙特阿拉伯王储哈奇姆王子，为了改变沙特单一的经济结构，提出了"沙特2030"改革计划，意思就是在2030年沙特要力图摆脱对石油的依赖，向Uber注资就是其计划的一部分。

9.6　美国——变化的国家

最后来说一下美国。我在美国留学四年，对于美国社会相对来说是比较了解的。但是，在2016年随Uber回到美国之前，我其实并没有在美国工作过，因此，最近的经历让我对美国社会有了一些全新的认识。

美国自然不属于新兴市场。总体来说，美国依然是强大的国家，而且在未来一段时间内也会是最发达的市场。大家都知道，2016年的美国社会正在经历着重大变化，并且很多变化的方向还不确定，要等到特朗普任职的一段时间后才有更好的答案。对于创业公司来说，大概有三点变化是最值得关注的。

1. 变化的人口结构

美国从建立以来一直维持着以白人为主的稳定的人口结构，但这一趋势在近些年开始了不可阻挡的逆转（见图9-8）。目前美国的白人仅占总人口的67%，这个比例会在2040年下降到50%。这代表着美国社会的消

费文化和社会思潮将会发生深远的变化。2016年美国总统大选可以看做是
"处在衰落态势中的白人"的一次反扑。那么，美国究竟会成为一个保守
的民族主义国家，还是继续保持自建立以来秉持的开放、包容的价值观？
如果是前者，那对于高度依赖移民和全球化人才的科技公司来说将是灭顶
之灾。

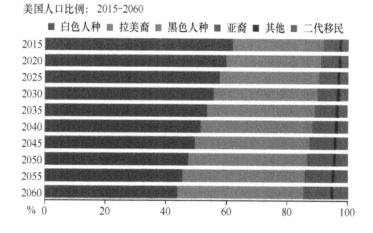

图9-8　美国种族分布的发展演进

2. 变化的经济结构

美国的强大，尤其是在二战后建立的霸权，其实是源于美国工业和制
造业的强大。但是由于全球化，美国的产业面临严重空心化和金融化。从这
个角度上来讲，硅谷的成功并不能掩盖美国其他领域的衰落，并且很多美国
人也觉得硅谷和整个美国脱节。特朗普在大选中提出的提高关税、反对自由
贸易、反对工作外流的政策虽然迎合了一部分选民的声音，但也被很多经济
学家认为是饮鸩止渴，完全不可行。至于究竟会发生什么，我们拭目以待。

3.变化的科技格局

自从2015年开始,火爆了许多年的硅谷迎来了"独角兽的寒冬"。许多家估值很高的创业公司均遭遇了不同程度的困难。2016年上半年,硅谷仅有Twillio一家科技企业上市,创下近年来的最低纪录,因此"第二次互联网泡沫破裂"的声音也尘嚣甚上。现在看起来,传统的纯"互联网"创业公司都面临了一些营收上的麻烦,比如Dropbox、Palantir等,发展得比较好的都是Uber和Airbnb这样与传统行业结合得比较好的公司。这也使得许多下一代的互联网公司选择进一步去和传统行业整合,用互联网技术去提高他们的效率。

9.7 全球化创新时代揭幕

手机打车软件是移动互联网全球发展史上的一个里程碑。在此之前,比较成功的互联网公司基本上只在中国和美国出现,而打车软件是世界历史上第一次所有的主要地区都拥有自己的明星创业公司。这说明了技术创新对于全球新兴市场的快速渗透,而打车软件这类线下服务,则是创业公司全球化和本地化的一个理想范本。

第一章提到过各大打车软件的"势力范围",像极了当今世界的地缘政治格局。其中国际资本又推波助澜,发挥了非常重要的作用。中国的创业公司以前普遍只把自己的眼光放在国内,但据我的观察,其实很多中国公司在新兴市场已经大有可为,甚至可以与美国的公司一较高下。从难易程度上来讲,在印度和东南亚这样的市场,中国公司其实有很强的竞争力;在欧洲和南美,我认为中国公司和美国公司技术能力差不多,但是在运营和管理方面需要大大提高;最后,直接在美国运营并且想要战胜美国的对手,我认为目前的软实力还不太够，所以现阶段可以通过收购和资本运作来推进。

总体来说，我们处在中国进行全球化扩张的前夜，这里既有内在原因也有外在原因。中国已经不是世界上增长最快的经济体，因此需要在海外寻找机会；再加上中国相对实力的上升和美国相对实力的下降，都需要中国的经济实力进行对外辐射。创业公司的全球化将会是其中的重要一环。我也期待能把自己在各个市场学到的心得运用到这个过程当中。

10

Uber模式的延伸

　　共享单车企业在每座城市，一上线就需要投放几万辆甚至几十万辆单车，带动的不仅是车辆的分享，也带动了自行车的制造，它相当于是一个分享经济和智能硬件相结合的产业。

　　前文讲述了Uber的全球扩张历程，尤其是在中国的经历。这章作为全文的最后一个部分，来讨论一下专车行业的几个未来的延伸发展方向。这三个延伸领域是：外卖送餐与快递服务、共享单车服务，以及无人驾驶服务。优步滴滴大战的硝烟退散仅几个月，但各家公司在这些新领域已经取得了不小的进展，下一个阶段的竞争已然依稀可见。

10.1　万物互联的"O2O延伸"

　　像Uber、滴滴这类用互联网连接线下商业行为的服务，美国叫做"On Demand Service"（按需服务），中国叫做"O2O"（Online to Offline，意思是从线上到线下）。几年前有一位投资人总结了O2O行业的发展规律和潜力，他把所有这些行业按照X轴为使用频率和Y轴为使用单价分成了四个象限——高频高价、高频低价、低频高价、低频低价（见图10-1）。在这几个象限当中，高频率、高单价的产品几乎不存在（没有普通用户可以承受每天都使用、每次要花很多钱的服务），低频率又低单价的产品是没有什么可做的价值的，因此剩下的就是"高频低价"及"低频高价"。

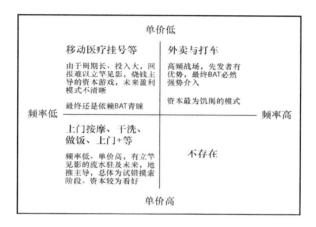

图10-1　O2O市场的四大象限

高频低价指的是人们每天生活中都需要使用的服务，但又不是很贵。其实满足这个条件的服务很少，算来算去，也就只有出行和送餐这两类。这之外还有一些频率比较低但价格比较高的服务，比如每星期或数周使用一次的洗衣服、扫除，甚至是按摩等。这两部分自然就成为了O2O创业者关注的重点。由于打车和外卖送餐是仅有的两种高频低价服务，因此这两个领域也就是最残酷的战场。专车行业的残酷竞争大家现在都已经知道了，外卖行业的竞争也是非常激烈的。

使用软件叫外卖，并不是一个多么新奇的生意。不管是中国还是外国，就早有外卖送餐服务。中国的外卖送餐服务主要发源于团购大战之时。自从2012年以来，以团购大战的幸存者美团为首，形成了美团、大众点评，百度外卖，以及新兴创业公司饿了吗等几家主要玩家。并且，2015年美团和大众点评合并，领头羊合并的故事一再上演。美国也一直就有多家外卖订单企业，包括Postmate、GrabHub、Doordash等。这些公司都经营得比较成功，但没有一个达到特别高的估值。这也给了Uber进军外卖订

餐领域的决心和机会。

Uber在2014年成立了Uber Everything产品组，主打专车以外的延伸业务（见图10-2）。在一开始，这个组被大致分为两部分，第一部分是外卖送餐服务，第二部分是即时快递业务。事实上，快递业务是先开始运营的。Uber的快递业务UberRUSH于2015年年底在纽约开始。之所以选在纽约是因为曼哈顿岛的稠密的人口和非常集中的地理分布使得高效率的配送成为可能。UberRUSH的快递员全都是自行车手，在曼哈顿这样一个人口密集、交通拥堵的地方，自行车很多时候比汽车走得更快。使用这项快递服务的用户主要以邮寄重要信件比如钥匙、文档为主。其实在此之前，很多人都已经开始用Uber司机来送东西了，这项业务的开展也让很多人看到了Uber进入其他领域的潜力，Uber模式基本上可以被应用于一切"让人和物品从A点移动到B点"的服务，Uber内部的延伸业务组名"Uber Everything"也正是得名于此。

图10-2 纽约城的Uber自行车快递员

不过，由于市场潜力更大和需求频率更高，后启动的外卖业务现在正开展得如火如荼，在全世界许多城市都有运营。外卖业务拥有独立的应用程序（名字叫做"UberEATS"），但很多时候又可以通过打车软件的用户群来进行转化，因此新用户的增长速度远远快于其他的外卖软件。与打车软件相比，这次的供给端变成了餐馆，而不是司机。不过很快，很多Uber在运营中提炼出的方法，也同样可以应用于外卖领域。同时Uber本来拥有的广大的司机群体，也可以在配送上提供很多优势。相比之下，许多外卖应用都需要从零开始建立配送团队（就是中国常说的"外卖小哥"）。

因此，虽然Uber外卖在很多城市并不是最早从事外卖业务的玩家，但是在开始之后都发展得非常迅速。Uber外卖现在已经进入全世界大部分主要城市，几乎和打车软件的覆盖程度相当，并且在亚洲这个大家非常看重吃的市场的覆盖度尤其高。也有一些前Uber中国的同事在合并之后选择加入了亚太区外卖团队。当然，Uber外卖现在还没有进入中国的打算，因为美团和大众点评已经让这个市场成为一片血海，如果Uber再进入恐怕又会引起一场新的补贴大战。

前文提过，很多欧洲的创业公司会选择来东南亚进行扩张，因此在东南亚，最流行的两家外卖创业公司就是来自英国的Deliveroo和来自德国的FoodPanda。Deliveroo现已获得四轮融资，估值50亿美元，最大投资人是来自俄罗斯的风险投资机构DST。他们以新加坡为亚太基地向其他城市扩张，声势很旺。FoodPanda也采取了类似的战略，它出自德国创业企业孵化器Rocket Internet。这家公司有在东南亚孵化企业的传统，之前曾经孵化了印度最大的电商企业，号称"印度亚马逊"的FlipKart和号称东南亚阿里巴巴的Lazada（现已被阿里巴巴收购）。FoodPanda也是以新加坡和

中国香港这两个更为西化的城市为基础，向本地区更多更本地化的城市进行扩张。

与此同时，印尼独角兽Go Jek也在如火如荼地开展外卖业务，他的外卖业务甚至比打车业务更加流行（见图10-3）。我在雅加达遇到的大学生都说他们可能不会使用打车服务，但从老到少所有的人，都会使用Go Jek的外卖服务。并且，在充满摩托车的印度尼西亚从事外卖服务有天然优势，因为很多外卖服务需要摩托车车手来进行寄送即可。因此摩托车车手在有单的时候就会去接打车软件的乘客，但在没有单的时候就会去送饭，很多时候送餐赚得钱更多。

图10-3　Go Jek从事的外卖订餐服务

总结一下，东南亚的送餐市场也和中国的外卖送餐市场一样，是一个战国时代，并且集中了来自美国、欧洲和本地的三股势力进行混战，看来唯一差别就是美团入驻东南亚了。

外卖服务不仅可以给人们的生活带来便利，也体现了分享经济的本质。国内早在2014年就出现了食物分享经济的服务——"回家吃饭"。"回家吃饭"采用的模式是由街坊邻里大爷大妈在家做饭的共享服务，做出的饭菜不像餐馆那样油腻，而且又平价实惠，很受上班族的喜爱。我自己认识的很多创业公司中午都会点"回家吃饭"。

当然，在食品健康领域，食品安全卫生和资质是一个很重要的问题，所以说"回家吃饭"这种纯粹的不加监管的P2P模式能否成功还未可知。毕竟，如果坐车的时候车况不是很干净，用户体验会受到一些影响，但是也没什么太大的关系，但如果吃饭的时候饭不干净，那可能就会出大问题。总体来说，这种纯粹众包的餐饮模式还不是特别流行。Uber采取的主要策略是与餐馆合作。由于外卖订餐的普及，很多餐馆的经营模式已经开始发生改变。普通餐馆的运营中，运营成本（比如服务员和餐台）其实是很大的一块，现在由于和Uber合作，很多餐馆已经开始减少自己的坐席，从而降低成本，并且把更多的单量给外卖软件。

总体来说，打车软件和餐馆的结合，可以孕育出类似的创新效应。外卖软件的单价比打车相对要高一些，因此也对公司的现金流十分有利。与此同时，餐馆其实是一个非常复杂的行业，从人员、食材到供应链的准备，都可以被互联网企业进行改造。所以外卖软件的未来将不仅仅是配送这么简单，而是对整个加工环节流程进行改变。在未来，外卖业务将会成为Uber非常重要的组成部分。

在此可以参考一下亚马逊。亚马逊在美国刚刚创办的时候，只是一个卖书的网站，但时至今日，美国人很习惯什么都在亚马逊上买。Uber也会向这个方向发展，最终使"Uber Everything"的愿景真正实现。

10.2　共享单车——专车大战的延续

另外一个专车的延伸领域就是共享单车。其实共享单车的出现比打车软件要早得多，我早在上大学的时候就在美国波士顿、纽约、华盛顿等城市使用过当地的共享单车。当然，与国内火爆的共享单车在模式上还是略微有些不同。在Uber中国与滴滴合并之后，单车模式适时地出现成了下一个风口，并且引发了诸多的资本竞逐。

国内目前的共享单车和以往美国的城市分享单车模式，最主要的不同点在于取还车方式。以前的单车都有固定的车站，使用者必须把车辆从特定的车站取下来，返还也是到特定的车站放下。这样的系统更便于管理，但是在可扩展性上，就显得远远不足，每一个城市就算再大，车站数量也不超过一二十个，相当于严重限制了单车可以覆盖的范围。以前我在华盛顿特区和纽约使用当地的单车的时候，整个城市中心大概也就几百辆车，到了一个客流量大的车站可能一辆车都没有了。因此，我在美国使用的共享单车的情况基本上都只是在旅游的时候，用来来往于主要旅游景点之间，日常用途是比较有限的。而国内这一代的共享单车放弃了车站的做法，改用手机应用和GPS来跟踪车辆的情况，还配有智能车锁，车辆的覆盖率也就大了很多。

当然，这种模式的问题在于车辆非常容易被移动、挪用或是偷盗。由于这个原因，很多公司会故意把自行车做得非常重，这样的话就是想偷也偷不走、想拆也拆不坏。可以说，共享单车能否成功与否，是对国民素质的一种考验。最近就出现了很多新闻报道与文章，反映上海和北京等城市的居民毁坏和偷挪单车的行为。

图10-4 上海街头,被毁坏的摩拜单车

目前中国共享单车企业的最大两家是摩拜单车与ofo单车,两家公司都拥有非常强的Uber背景。摩拜单车的CEO王晓峰之前是Uber上海总经理,在2015年8月离开Uber之后就加盟了摩拜单车;ofo单车是来自于北大学生的一个校园共享单车项目,从学校内起步,逐渐走进城市。在2016年Uber中国与滴滴合并之后,ofo单车获得了滴滴的战略投资,同时Uber原中国西北区总经理张延奇也带领团队加入担任COO。所以,市场上大家把这场竞争戏称为"优步大战优步"。

这两家公司作为市场领导者,都纷纷获得了不错的融资,摩拜单车融资已经到达了D轮,2.15亿美元,而ofo单车C轮融资1亿美元、估值4亿美元,除了这两家领头羊之外,就像以前的专车大战一样,也纷纷涌现出了很多更小的企业,比如说"小蓝单车"、"700单车"(见图10-5),由于每一家单车企业都有一个标志性的颜色(摩拜单车是橙色、ofo单车是

黄色），所以有人戏言"七色光已经快不够了"。为什么大家会这么看好
共享单车呢？我认为主要有这么几个原因。

图10-5 创业公司700bike被大家认为是"微信单车"

- 最后一公里的出行在中国需求更大。作为最大的发展中国家，中
  国拥有巨大的城市人口，专车在很大程度上解放和改善了城市交
  通的运转，但是还有很多人需要依靠公共交通来进行自己的每日
  通勤。毕竟，不是每个人都可以每天花钱坐专车上下班，在专车
  结束补贴，价格上调之后就更是如此。共享单车所关注的主要需
  求，是所谓的"最后一公里"，也就是从家到公交车站、从公交
  车站到办公室、从家到地铁站这样的行程。这种行程就属于：走
  路太远，但是坐车又太近。事实上，人的出行需求当中有很大一
  部分是这样的，所以共享单车的出现很好地填补了这个空白。与
  此同时，与专车会冲击出租车的利益不同，共享单车在政策基本
  上都是比较积极的。官方也非常乐于看到这样一种创新的出现，
  可以帮助城市解决拥堵问题，还可以鼓励市民绿色出行。
- 运营成本复杂度和补贴成本都更低一些，众所周知，像我们之前
  讲到的，专车的补贴成本很大，是因为需要对市场供需两方都进

行补贴，而对于单车来说就没有这个问题，因为没有司机，所以说补贴就仅限于对乘客进行补贴。乘客端的单价本来就很低，大部分单车都采用一元钱一小时这样的模式，所以说补贴空间基本不大，并且在供给端也只需要考虑造车的问题。当然，在价格这么低的情况下，要想盈利也是一个挑战。因此，大部分公司采用了注册必须要交纳一定数量的定金的模式，比如说摩拜单车的注册费是300元、ofo的注册费是80元，这种模式给公司带来了很好的现金流。

- 第三点就是共享单车和专车不同，专车平台在做分享汽车领域时从来没有加入汽车的制造，因为汽车制造和加工是一个高度复杂的行业。但是单车不同，不管是摩拜单车、ofo单车，还是其他的单车企业，一般都会自己做上游，即自己造车。这就不只是分享经济，而是有制造业的成分在里面。一般来说，共享单车都会与一般的自行车做得不太一样。首先，共享单车的形象非常的整齐划一，每家公司都有自己不同的颜色，这是为了让人们能够非常方便地来辨认车辆，同时也是一个移动广告；其次，共享单车上普遍配有GPS，方便追踪车辆位置，还配备智能锁让车主进行交割。最后，因为需要防止偷，共享单车普遍都进行了一些特殊处理。比如说摩拜单车的车辆做得非常重，这样就算有谁想把它直接搬走也不是很容易，其次就是车是实心的车胎，所以说去扎他的车胎也就没有用了。

共享单车企业在每座城市，一上线就需要投放几万辆甚至几十万辆单车，带动的不仅是车辆的分享，也带动了自行车的制造，它相当于是一个分享经济和智能硬件相结合的产业，所以在融资的时候可以讲两个方面的故事。

当然，共享单车这个概念已经在国外存在了很多年，此番突然火起来，应该还是有不少时运的因素。在专车出现以前，交通领域的创新并不是互联网及尤其不是风险资本所青睐的对象。专车的火爆可以说让这个共享单车重新获得一个了资本审视的机会。并且专车的运营模式应该说也启发了共享单车，让共享单车开始用更有技术含量的、扩展性更强的方法去构建自己的系统。使得共享单车在脱离了车站的限制以后，潜力大大地增加了。

许多人认为，共享单车相当于是在Uber中国和滴滴合并之后智能交通出行领域的下一波延伸，它吸引了很多在合并之后，寻找下一个热点的创业者和投资人。这也是为什么很多Uber中国的员工都加入了新的单车企业，并且当初投资的专车领域的一些投资机构也继续投资共享单车项目。这都让单车在一定程度上成为了专车大战的一个延续。单车最后到底能够走多远？是不是又会出现两家最大的公司合并，其他的一些小公司纷纷倒闭的情况？我们将拭目以待。

最后有一点值得指出，那就是，和专车不同，共享单车作为创业公司商业模式的概念是先出现在中国的。摩拜单车和ofo单车是全世界最先完成上亿美金融资的两家共享单车企业，而共享单车领域的Uber和Lyft在美国都没有出现，这也使得中国的一些单车龙头企业开始考虑国际化的可能性。一位同事跟我戏言说，这可能是第一个可以在中国出现，并向世界各国进行扩张的模式。考虑到中国市场在移动互联网发展中的领先身位，我认为这丝毫不令人惊讶，甚至可以说是必然的趋势。并且城市环保单车的概念在西方接受度很高，欧美一些大城市早就对自行车非常友好，因此单车企业在推广的过程中应该说会受到更少的当地利益集团及政府的阻力。让我们希望来自中国的共享单车的产能在全世界各地生根，从而也创造一个中国创业公司走向世界的旗帜。

10.3 自动驾驶——智能交通的未来

最后来说一说自动驾驶，它被大家广泛称为整个智能交通行业的发展方向。并且也是各大巨头纷纷投资的一个战场。在Uber崛起之前，Google就已经开始了对自动驾驶汽车的研究。自从打车软件开始火爆之后，又有很多家大公司也加入了无人驾驶的投入。为什么大家纷纷把自动驾驶看做未来的发展方向？主要有以下几个原因。

1. 安全因素

2015年全世界有130万人死于车祸。世界上似乎有很多其他看起来大得多的灾难，不管是战争，还是自然灾害，但是他们造成的实际生命损伤和每年130万的生命比起来都可以说是小巫见大巫。因此自动驾驶可以说是造福人类未来的一项重要技术。即使现在的汽车技术已经十分先进，但是依然无法彻底摆脱人为操作的影响。疲劳驾驶、错误驾驶、酒驾醉驾等行为依然是造成车祸的罪魁祸首，而自动驾驶技术有望一劳永逸地解决这个问题，让世界上不再有人死于车祸，如果真能做到这一点的话，那真是一项伟大的发明。

2. 成本因素

现代资本主义工业化、现代化的实质就是要不断地降低服务成本，不断进行自动化与服务的大量扩张。以Uber这个平台为例。为了完成让全世界各个角落、各种经济能力的用户都享受到Uber服务的这样一个宗旨，Uber服务需要不断地降价，让更多的用户能接触到这项服务。但是在司

机由人来担任的情况下，降价是有界限的。在去除了油耗成本等硬指标之后，最终就是一个人力成本的问题。如果想充分降低这个成本，就必须使用自动化作业。在未来，司机很可能会成为一种已经消失的职业。

3. 技术及数据因素

以Uber和特斯拉为代表的高科技汽车企业，在产品运行的过程中会收集到大量的数据。这些数据包括：车辆的GPS位置、行走路径、周遭环境速度及加速度等。与Google需要专门造车来完成这项实验不同，特斯拉和Uber本来已经拥有了相当大的数据。可以说，这两家公司只需要将传感器装在自己已经有的车辆上，就可以在用户完成行程的同时就收集到这些数据。这也可以说是汽车工业在和互联网行业结合之后发生的一项创新。受此影响，很多车厂比如说丰田、大众及宝马的人也投入了这一阵营。

在目前存在的主要科技公司当中，Uber、Google和特斯拉各有千秋。Uber的主要优势在于，他的网络上发生的行程最多，因此收集的数据量最大。Google的优势在于它是全世界最优秀的软件公司，并且从事自动驾驶研发的时间最长，因此在软件开发上有一些优势。而特斯拉的优势在于它是一家汽车制造公司，有着专业领域的优势。与此同时，我们也一定不能忽略传统车厂在这方面的野心。高科技车企真正的生产能力，与传统车厂相比还是差很远。2015年，特斯拉一共销售了5万辆车，相比之下，丰田和宝马去年的销售量分别是1 023万台和200万台。数量的差别不光意味着自动驾驶车辆的覆盖率有差距，同时也意味着在收集数据的情况上，根本就不在一个数量级。如果丰田有20倍于特斯拉的自动驾驶汽车跑在路上，自然也就能收集到20倍的数据。

其次，当我们讨论自动驾驶的时候，也不能只讨论客运自动驾驶，货运自动驾驶其实是一个潜力同样大甚至更大的领域。只不过大部分用户在传统上并不接触这个领域，所以不是特别了解。2016年9月，Uber收购了自动驾驶卡车配送公司Otto（见图10-6）。Otto开发的自动驾驶卡车已经开始上路送货了。与客运相比，货运生意有这样几个特点使它很可能更适应自动驾驶。

图10-6　Otto的自动驾驶卡车运送啤酒

- 卡车货运的危险指数比城市中的短途旅行更高。城市驾驶相对时间短、路程短、速度相对慢，并且情况比较简单；卡车驾驶普遍行程长、时间长、速度快，并且动作和路况比较单调，这种情况下非常容易出现走神和疲劳驾驶的情况。因此引入自动驾驶可以有效地解决这个非常大的安全隐患。
- 由于货运卡车所行走的路程相对普遍简单，也就更容易被自动驾驶代替。货运卡车主要的路程分为三段，第一段是从城市中心走到高速公路，第二段是在高速公路上，第三段是在从下高速公路到城市中心，其中，主要的时间和行程都在高速公路上完成，相对来说和城市中非常拥挤的道路上比较简单一些，也更适合自动驾驶软件的模拟。有了自动驾驶软件的帮助，司机完全可以把在高速公路上所花的大部分时间都交给自动驾驶软件完成，然后自己只在车辆出城和进城时需要比较多的人为手动操作进行干预。

- 还有一个安全责任问题是货车和客车的关键区别。根据专业人士的说法，现在的自动驾驶软件已经可以做到扫描周遭环境，发现障碍之后立刻停车或者立刻制动，这样就可以让车辆有效地躲开障碍，但是这样会造成一个问题，就是这种紧急制动会让车内的人撞向车窗，造成潜在的人员伤亡。由于这个原因，这种技术即使可以应用，也会有很大的法律风险。同比之下，送货存在这个问题就少很多。紧急制动即使有可能造成一些货品破损，但是只要保护得当，不把东西完全弄坏就行。从这个角度上讲，送货可以承受的碰撞风险比送人要高很多。这也是为什么很可能无人车送货是无人驾驶技术所应用取得突破的一个更好的方向。相比之下要把无人驾驶技术完全用到乘客所乘坐的客运车当中，还有不少的路需要走，并且其中很多不是技术方面，而是政策法规方面的问题。

很多人质疑如果自动驾驶出现发展，那Uber现在平台上的这么多司机何去何从。其实，自动驾驶的普及肯定不会是一朝一夕的事情。即使自动驾驶开始向平台上蔓延，也会分时间、分情况、分批地慢慢开始发展。况且就算技术允许，政策法规的改变也不会是顷刻之间的事情。

专车领域的竞争，早期依靠地面运营快速铺开，中期依靠融资能力和精确调配补贴的能力建立庞大而又高效的供需平台，而后期则越来越依靠高科技上的投入。从这些布局中已经可以看出Uber作为未来全球科技巨头的发展方向。我自己其实到现在也只是经历了这场变革的前期和中期，未来似乎还离我们有些远，但又已经触手可及。

10.4 互联网和现实世界的更深度结合

发端于2009年的打车软件，是移动互联网连接人们生活的一场伟大实验。在此之前，虽然桌面互联网已经十分普及，但是所有的交通工具还是处在线下。如果想象一个人抱着计算机，找到有网的地方，上线去打车，很显然是一件非常荒谬的事情。

专车行业的发展体现了互联网"下沉"到实体行业的发展趋势。以Uber、 Airbnb、WeWork这一批企业为代表，更多的实体行业会和互联网进行深度整合，并用技术和数据优化运营。这两个方向的趋势都会继续发展，在技术层面会更加数据驱动、更加智能；在应用层面，互联网会更深度地改造各个上下游环节。就像专车行业一开始只是在被互联网连接，而单车已经开始重塑制造业一样，未来的机会，属于像Uber和滴滴这样在这一波浪潮中崛起的巨头，也属于其他所有的创新者。